Kurbäder *im Herzen* Europas

SCHMÖE / STEPS / STEPS

LIEBLINGSPLÄTZE
zum Entdecken

Kurbäder *im* *Herzen* Europas

IN FRANKEN, THÜRINGEN, SACHSEN UND BÖHMEN

SCHMÖE / STEPS / STEPS

KULTUR

GMEINER

Bildverzeichnis:
Bayerisches Staatsbad Bad Brückenau 14; Friederike Schmöe 16, 18, 20, 26, 30, 32, 36, 40, 42, 44, 46, 50, 52, 54, 70, 72, 74, 76, 96, 98, 100, 106, 108, 128, 130, 174, 176, 178; Bayer. Staatsbad Bad Kissingen GmbH Fotograf Heji Shin 22, 24; Staatsbad und Touristik Bad Bocklet GmbH Fotograf Markus Bollen 28; Thomas Balling 34; FrankenTherme Bad Königshofen 38; ThermeNatur Bad Rodach 48; Obermain Therme Bad Staffelstein 58; seeyou design – carsten steps 56, 60, 78, 80, 82, 84, 86, 88, 90, 92, 110, 112, 114, 116, 118, 120, 122, 132, 134, 136, 138, 140, 142, 146, 148, 150, 152, 154, 156, 158, 160, 162, 164, 166, 168, 170, 172, 180, 182, 184, 186, 188; Bayerisches Staatsbad Bad Steben 62, 64, 66; Spielbank Bad Steben 68; MEDIAN Klinik Bad Colberg 94; Michael Kremer Snapart Erfurt 102, 104; ARDESIA-Therme Bad Lobenstein Fotograf Karsten Schmidt 124; Stadtverwaltung Bad Lobenstein 126; Kurgesellschaft Schlema mbH 144

Literaturverzeichnis:
Beitrag 12, S. 37: Annette von Droste-Hülshoff: Der Knabe im Moor. Ballade. Erschienen erstmals im Morgenblatt für Gebildete Stände Nr. 40, 1842. Vielfach neu abgedruckt und adaptiert.

Besuchen Sie uns im Internet:
www.gmeiner-verlag.de

Im Ehnried 5, 88605 Meßkirch
Telefon 07575/2095-0
info@gmeiner-verlag.de

1. Auflage 2019

Lektorat: Anja Kästle
Satz: Mirjam Hecht
Bildbearbeitung/Umschlaggestaltung: Benjamin Arnold
unter Verwendung eines Fotos von © Bayerisches Staatsbad Bad Steben GmbH
Kartendesign: maps4news.com / ©HERE
Druck: AZ Druck und Datentechnik GmbH, Kempten
Printed in Germany
ISBN 978-3-8392-2418-2

THÜRINGEN

SACHSEN

BÖHMEN

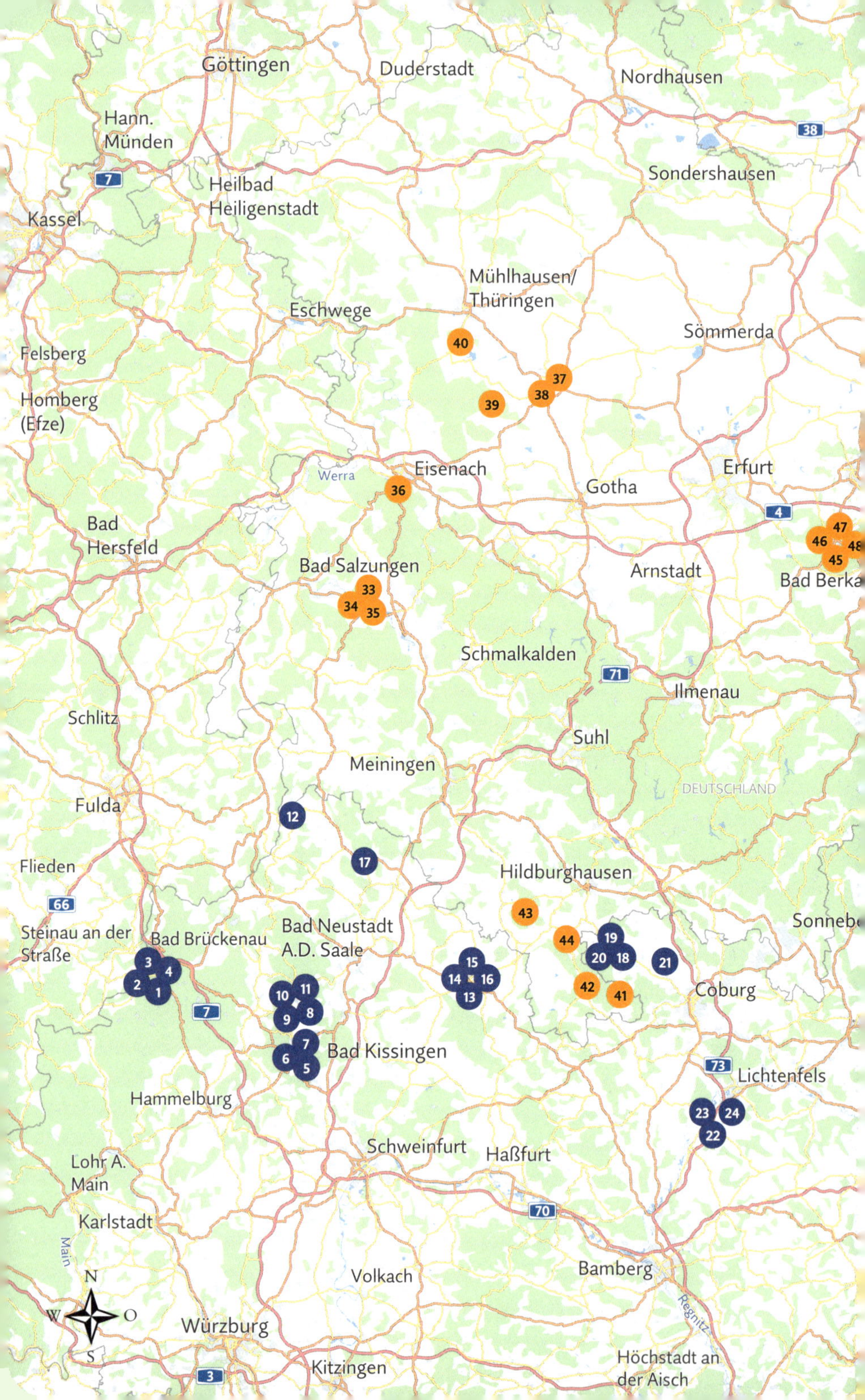
Göttingen
Duderstadt
Nordhausen
Hann. Münden
Heilbad Heiligenstadt
Sondershausen
Kassel
Mühlhausen/ Thüringen
Eschwege
Sömmerda
Felsberg
Homberg (Efze)
Werra
Eisenach
Gotha
Erfurt
Bad Hersfeld
Arnstadt
Bad Salzungen
Bad Berka
Schmalkalden
Ilmenau
Schlitz
Suhl
Meiningen
DEUTSCHLAND
Fulda
Flieden
Hildburghausen
Steinau an der Straße
Bad Brückenau
Bad Neustadt A.D. Saale
Coburg
Bad Kissingen
Lichtenfels
Hammelburg
Schweinfurt
Haßfurt
Lohr A. Main
Karlstadt
Main
Volkach
Bamberg
Regnitz
Würzburg
Kitzingen
Höchstadt an der Aisch
N
W
O
S

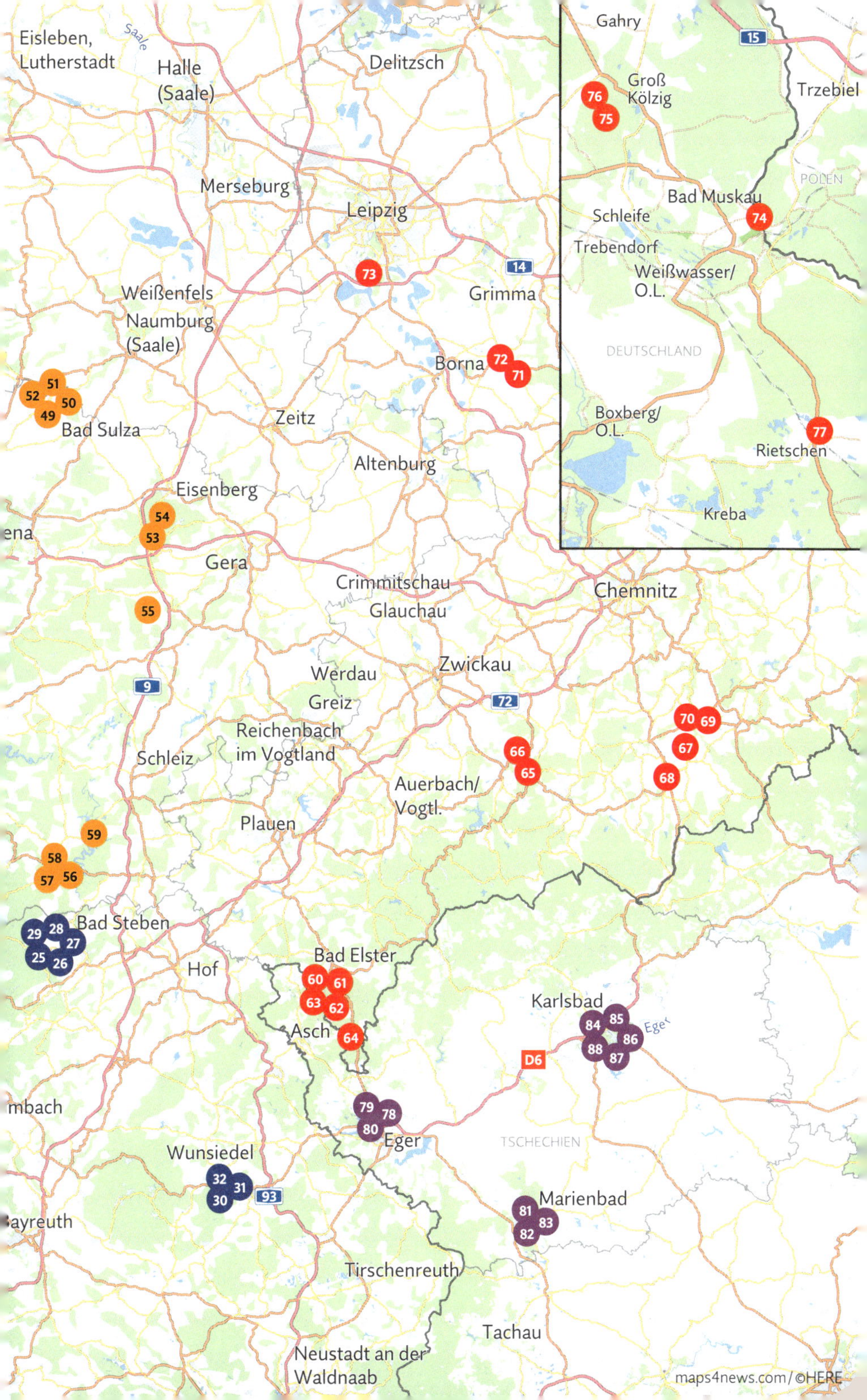

Eisleben, Lutherstadt
Saale
Halle (Saale)
Delitzsch
Merseburg
Leipzig
73
14
Weißenfels
Grimma
Naumburg (Saale)
Borna
72
71
51
52
50
49
Bad Sulza
Zeitz
Altenburg
Eisenberg
54
53
ena
Gera
Crimmitschau
Glauchau
Chemnitz
55
Zwickau
Werdau
9
Greiz
72
Reichenbach im Vogtland
70
69
67
66
65
68
Schleiz
Auerbach/ Vogtl.
Plauen
59
58
57
56
Bad Steben
29
28
27
25
26
Hof
Bad Elster
60
61
63
62
Karlsbad
Asch
64
84
85
86
88
87
Eger
D6
mbach
79
78
80
Eger
Wunsiedel
TSCHECHIEN
32
31
30
93
Marienbad
81
83
82
ayreuth
Tirschenreuth
Tachau
Neustadt an der Waldnaab
maps4news.com/©HERE
Gahry
15
Groß Kölzig
76
75
Trzebiel
POLEN
Bad Muskau
74
Schleife
Trebendorf
Weißwasser/ O.L.
DEUTSCHLAND
Boxberg/ O.L.
77
Rietschen
Kreba

MASSAGE, MOOR UND SELBSTLABOR

Vorwort

Manchmal ist da so ein Augenblick der Sehnsucht. Wäre es nicht wunderbar, gerade jetzt für ein paar Stunden abzutauchen? Den Alltag auf später zu vertrösten, in sich hinein zu lauschen, den Bedürfnissen von Körper, Geist und Seele zu vertrauen und sich etwas zu gönnen, das mit Wohlbefinden, Zeithaben und Genießen zu tun hat? Ein solches Programm wird recht lieblos »Wellness« genannt – doch meinen Sie nicht auch, dass zwei Silben viel zu kurz sind, um das unterzubringen, was wirklich zählt? Nicht nur mal ein paar Stunden Therme mit Massage runterzurocken, sondern eine Grundhaltung zu leben, in der Raum und Zeit genug da sind, um dem Schönen und Wohltuenden nachzuspüren?

Mit diesem Grundgedanken gingen wir auf Recherchetour für dieses Buch. Jede von uns hat in den anderthalb Jahren des Entdeckens, Ausprobierens und Schreibens nicht nur in Salzgrotten auf inneren Rückzug geschaltet oder entlang eines beschaulichen Wanderweges im Frankenwald oder in der Lausitz endlich einmal wieder tief durchgeatmet. Vielmehr befanden wir uns in einer Art Selbstlabor: Was »Wellness« für uns bedeutet und warum es uns gerade die Kurbäder im Herzen Europas angetan haben, entdeckten wir mit jedem Besuch in Therme und Kurpark neu.

Einer der Gründe für die Auswahl ausgerechnet dieser großen mitteleuropäischen Region waren unsere persönlichen Vorkenntnisse. Manches Kurbad haben wir schon als Kinder besucht. Nicht zuletzt unser Krimiband *Mörderische Prachtbäder*, 2018 ebenfalls im Gmeiner-Verlag erschienen, hat uns auf den Geschmack gebracht. Von der Rhön über den Thüringer Wald, das Maintal, den Frankenwald und das Fichtelgebirge bis zum Erzgebirge und nach Böhmen reichte die Spanne der üblen Taten. Da musste doch noch mehr drin sein, dachten wir! Nicht nur fiesen Heiratsschwindlern und grausamen Mördern ist auf die Schliche zu kommen, sondern vielmehr der Atmosphäre, dem individuellen Geheimnis jedes Kurbades. Karlsbad ist sicher das mondänste unter den hier ausgewählten Orten – andere wie Bad Lobenstein oder Bad Muskau punkten mit viel unberührter

Natur. Die Auswahl ist uns schwergefallen, denn die Gegend ist reich an Bädern; irgendwann musste daher auch die eine oder andere Entscheidung gegen einen bestimmten Ort fallen, was wir bedauern; der vorliegende Band erhebt jedenfalls keinen Anspruch auf Vollständigkeit. Dies schließt ein, dass wir Lücken lassen – nicht jede Therme in jedem Bad wird besprochen, nicht jeder Kurpark genannt. Schließlich soll auch für die LeserInnen Raum bleiben, um dem auf die Spur zu kommen, was ihnen selbst guttut. Moorpackung statt Trinkkur? Eine Wiener Mélange in einem schicken Café statt einer Massage? Wenn unser Buch ein Ansporn für Sie ist, Ihre Bedürfnisse neu kennenzulernen, haben wir unser Ziel erreicht.

Gemeinsam ist allen hier vorgestellten Kurbädern, durch die wir so lange mit Notizblock, Kamera oder Fotoreporter gereist sind, eine historische Besonderheit: Sie gehören zu einer Grenzregion, die 40 Jahre lang durch den Eisernen Vorhang geteilt war und nun Stück für Stück wieder zusammenfindet. Die langsam verheilenden Narben im Erscheinungsbild der Städte und Landschaften haben fast etwas Menschliches: Sie machen bewusst, dass Heilung möglich ist, wenngleich sie ihre Zeit braucht. Sie kann nicht mit dem Timer vorangetrieben werden – ein Lerneffekt, der etwa im beschaulichen Bad Alexandersbad zu einem Kurerfolg explizit dazugehört. In manchen Kurbädern wurden wir als Recherchierende auf Händen getragen, zum Beispiel in Bad Sulza. In Bad Salzungen haben wir gefühlt, dass die Menschen zu ihrem Ort stehen und viele selbst mit anpacken.

Selbstverständlich ließen wir es uns nicht nehmen, neben den Kurbädern auch deren Umgebung zu ergründen. Lieblingsplätze außerhalb der Ortschaften sind mit dem Begriff »Ausflug« gekennzeichnet: etwa das Schwarze Moor in der Nähe der Rhönbäder oder der Muskauer Faltenbogen und das Umland von Bad Staffelstein.

Als Werbepublikation für einzelne Bäder und ihre Einrichtungen ist unser Buch nicht zu verstehen. Wir haben uns alle Plätze selbst angesehen und nach eigenem Gusto entschieden, sie hier aufzunehmen, weil sie uns gefielen.

Friederike Schmöe & Petra Steps

DAS KURSAALGEBÄUDE IM SCHLOSSPARK-ENSEMBLE ///
BAYERISCHES STAATSBAD BAD BRÜCKENAU ///

HEINRICH-VON-BIBRA-STRASSE ///
D-97769 STAATSBAD BAD BRÜCKENAU /// 00 49 / 97 41 / 80 20 ///
WWW.STAATSBAD.DE ///

RISTORANTE CASTELLO BELVEDERE /// WERNARZER STRASSE 2 ///
D-97769 STAATSBAD BAD BRÜCKENAU ///
00 49 / 97 41 / 9 39 07 12 /// WWW.CASTELLO-BELVEDERE.DE ///

KÖNIGLICH BAYERISCH

Staatsbad Bad Brückenau: Schlosspark

1

Bad Brückenau gibt es als Doppelpack. Da ist einmal die Stadt Bad Brückenau. Sie ist für das normale Leben ihrer Bürger da. Ich will vier Kilometer weiter, ins Staatsbad, das ist zum Kuren. Na gut, ein wenig überschneiden sich die Funktionen, aber doch nicht so sehr.

Die erste Haltebucht im Staatsbad an der Wernarzer Straße lockt: Ich fahre rechts ran. Steige aus. Unter mir liegt der Schlosspark in einer natürlichen Talsenke. Rechtwinklig, exakt. Eckige Gebäude, runde Gebäude, gerade Wege. Die Bäume grünen schon, erste Blumen schmücken die Beete. Ein paar Schritte weiter und ich stehe auf der Terrasse des *Ristorante Castello Belvedere*. Das klassizistische Gebäude bildet das untere Ende der Längsachse, die auf der anderen Hangseite beim Fürstenhof beginnt. Ich muss an einen Bastler denken, der eine Modelllandschaft für eine Spielzeugeisenbahn aufbauen wollte, nur in einer mondänen Version, um schließlich die Schienen mitsamt den Zügen wegzulassen. Die meisten Bastelarbeiten in dieser Kurwelt gehen auf König Ludwig I. von Bayern (1786–1868) zurück. Von meinem Aussichtspunkt sticht rechts der Quellentempel ins Auge, von ihm führt die Wandelhalle mitsamt ihrer Heilquellen-Lounge (hier darf man trinken, aber nur mit Gästekarte!) weiter in die Mitte des Parks. Ich spaziere die geschwungene Freitreppe hinunter, schlendere durch den überdachten Wandelgang, wo sich ein Eiscafé verbirgt. Schräg gegenüber liegt das Badhotel, in der Frühlingssonne genießen die Gäste ihr Mittagessen im Freien. Ohne Lärm oder andere Störungen, alles ist auf Kur eingestellt. Wellness, Ruhe, Genuss. Besonders majestätisch kommt das Kursaalgebäude mit seinem prächtigen Arkadenumgang daher. Auch dieses Schmuckstück geht auf König Ludwig I. zurück, welcher an prominenter Stelle ein paar Meter weiter als Standbild verewigt wurde. Die Affäre des Wittelsbachers mit Lola Montez begann in Brückenau. Eine der fünf Heilquellen ist nach der Tänzerin benannt. *fs*

Leckeres italienisches Essen auf der Terrasse bei bester Aussicht über den Schlosspark gewünscht? Gibt es im *Ristorante Castello Belvedere*. Auch die eleganten Innenräume sind einen Aufenthalt wert.

DEUTSCHES FAHRRADMUSEUM /// HEINRICH-VON-BIBRA-STRASSE 24 /// D-97769 STAATSBAD BAD BRÜCKENAU /// 00 49 / 97 41 / 93 82 55 /// WWW.DEUTSCHES-FAHRRADMUSEUM.DE ///

DORINT RESORT & SPA BAD BRÜCKENAU /// HEINRICH-VON-BIBRA-STRASSE 13 /// D-97769 STAATSBAD BAD BRÜCKENAU /// 00 49 / 97 41 / 8 50 /// WWW.HOTEL-BAD-BRUECKENAU.DORINT.COM ///

HALLIHALLO, WIR RADELN

Staatsbad Bad Brückenau: Deutsches Fahrradmuseum 2

Ein Museumsbesuch an einem sonnigen Sonntag im Frühling? Die Dame, die heute das Deutsche Fahrradmuseum hütet, hat gar nicht mit Gästen gerechnet. Wir jedoch wollen es wissen, wie das so ist mit dem Fahrrad. Denn laut Eigenbeschreibung stellt man in Bad Brückenau die umfangreichste Sammlung historischer Fahrräder aus. Und ein Hochrad verbreitet ja immer noch eine gewisse Aura! Gleich im Eingangsbereich der wunderschönen Jugendstilvilla steht eins. Einfach so hingelehnt. Als könne man jederzeit aufspringen und losradeln. Wie lange man wohl üben muss, um diese Ungetüme zu besteigen und die Balance zu halten?

Im ersten Stock beginnen wir den Rundgang durch 200 Jahre Fahrradgeschichte. Die Konstruktion der Laufmaschine, gebaut von Karl Friedrich Drais (1785–1851), gab der individuellen Mobilität einen Schub. Wenngleich ein Rad lange Zeit teuer und damit ein Luxusobjekt war. Und was das Museum nicht alles präsentiert: Hochräder für Herren. Für Damen. Für Kinder. Für Radrennen. Sicherheitsräder. Dreiräder. Bambusräder. Tretkurbelräder. Militärräder. Die Ausstellungsräume sind gut bestückt, es gibt einen originalgetreuen Fahrradladen aus den 1930er-Jahren mit entzückenden Details wie Wimpeln und Lampen, eine historische Fahrradwerkstatt und etliche Hintergründe zur Entwicklung des Rads nicht nur in technischer, sondern auch in gesellschaftlicher Hinsicht. So erfahren wir, dass das Wirtschaftswunder dem Fahrrad den Todesstoß versetzte, das Ersparte floss nun ins Auto. Das »Klapprad« bekommt das Etikett »Irrtum der Fahrradgeschichte«, was mich tröstet, da ich mich auch einmal lustlos auf so einem unrund laufenden, schweißtreibenden Drahtesel abstrampelte.

Im Erdgeschoss wird die Entwicklung des motorisierten Zweirades dargestellt. Blechschilder mit alter Werbung geben der Atmosphäre einen nostalgischen Touch. Wer übrigens für sein altes, richtig altes Rad ein originales Ersatzteil benötigt, kann in Bad Brückenau fündig werden. *fs*

Radfahren und Wellness gehören zusammen! Im *Vital Spa & Garden* des nahen Hotels *Dorint* erwartet Sie Erholung pur – in der Sauna, der Solegrotte, unter dem Wasserfall oder bei einer belebenden Massage.

MARIENKIRCHE /// HEINRICH-VON-BIBRA-STRASSE 1 ///
D-97769 STAATSBAD BAD BRÜCKENAU ///

ÖKUMENISCHE KURSEELSORGE /// VILLA SCHWAN ///
HEINRICH-VON-BIBRA-STRASSE 23 /// D-97769 STAATSBAD
BAD BRÜCKENAU /// 00 49 / 1 57 / 33 68 76 76 ///
WWW.KURSEELSORGE-BAD-BRUECKENAU.DE ///

GASTHOF ZUM BIBER /// HAUPTSTRASSE 15–19 ///
D-97786 MOTTEN/SPEICHERZ /// 00 49 / 97 48 / 9 12 20 ///
WWW.GASTHOF-ZUM-BIBER.DE ///

WELLNESS FÜR DIE SEELE

Staatsbad Bad Brückenau: Marienkirche

3

Der Himmel so blau. Dabei ist es noch früh im April. Dennoch werden heute die ersten Sonnenbrände eingefahren, davon ist auszugehen. Die Bäume sind noch fast kahl, wenig Schatten steht zu erwarten. Aber es lockt eben der tolle Himmel, lang vermisst, man will unbedingt draußen sein.

Ich spaziere das nördliche Ende des Schlossparks entlang auf die Marienkirche zu, deren strahlendes Weiß sich echt bayerisch vom blauen Himmel abhebt. Dabei liegt Bad Brückenau doch nahe der Rhön, ganz im Nordwesten Bayerns, fast in Hessen, näher an Frankfurt als an München. Der Dialekt ist fränkisch, nicht bairisch, aber Ludwig I., der Bad Brückenau oft besucht und baulich geprägt hat, war ein Wittelsbacher; also besteht hier eine sehr direkte Verbindung zwischen den Franken und den Bayern. Diese wird auch im Baustil ersichtlich und hat mit der Marienkirche zu tun: Der bayerische Hofbaumeister Eugen Drollinger, der auch im Auftrag des »Märchenkönigs« Ludwig II. tätig war, hat sie erbaut (wie übrigens auch die nahegelegene evangelische Christuskirche) und architektonisch an katholische Kirchen in Altbayern angeglichen: Ein Zwiebelturm ist das deutlichste Merkmal.

Im Inneren der Kirche umfängt mich Kühle. Der weiße Raum wirkt spartanisch, doch der Hochaltar und die beiden Nebenaltäre sorgen für barocke Einsprengsel. In den bunten Fenstern im Altarraum dominiert Rot. Sie zeigen die Heiligen Bonifatius (Patron des Bistums Fulda) und Kilian (Patron des Bistums Würzburg). Bad Brückenau wechselte aus den Händen des ersten in den Zuständigkeitsbezirk des zweiten, das wird damit angedeutet. Zwei Glasfenster mit Engelsdarstellungen, ebenfalls im Altarraum, wurden von Kurgästen gespendet. Besinnliches und Spirituelles passt recht gut zu einem Kuraufenthalt. Wellness für die Seele, gewissermaßen. Die ökumenische Kurseelsorge in Bad Brückenau kümmert sich genau um diese Belange und hilft auch bei praktischen Fragen rund ums Kranksein, Kuren und Genesen. *fs*

Gutes Essen hält Leib und Seele zusammen. Im *Gasthof zum Biber* in Speicherz kosten Sie leckere Speisen aus der Rhön und auch manchen anregenden Tropfen aus dem Eichenholzfass.

NÄHERE INFORMATIONEN ZUR ALTSTADT BAD BRÜCKENAUS ERTEILT DIE TOURIST INFORMATION /// ALTES RATHAUS /// ALTER RATHAUSPLATZ 1 /// D-97769 STADT BAD BRÜCKENAU /// 00 49 / 97 41 / 8 04 11 /// WWW.BAD-BRUECKENAU.DE ///

THERME SINNFLUT /// GÄNSRAIN 2 /// D-97769 STADT BAD BRÜCKENAU /// 00 49 / 97 41 / 91 12 55 /// WWW.THERME-SINNFLUT.DE ///

ALPHORN UND SCHOKOEIS

Stadt Bad Brückenau: Altstadt

4

Der Bär steppt nicht unbedingt in der Stadt Bad Brückenau, was umso angenehmer ist, je mehr man sich an den kleinen Dingen zu freuen weiß, die bekanntlich die gemächlichen sind. An einem richtig ordentlichen Schokoladeneis zum Beispiel. Einem hausgemachten. An einem jener unerwartet sonnigen Frühlingstage. Mit einem solchen in der Hand schlendere ich durch die Brückenauer Fußgängerzone. Ein Pärchen fragt, wo das Eis verkauft wird, bricht aber schnell in lautes Lachen aus, denn ein Café reiht sich ans andere, und Eis wird heute überall angeboten. Wartezeiten gibt es nicht. Sitzgelegenheiten zum Genießen des lang ersehnten Gefrorenen sind auch vorhanden, etwa auf den Treppenstufen, die zur Stadtpfarrkirche führen.

Aus der Kirche dringen konzertante Töne, die mir vertraut vorkommen. Ganz einordnen kann ich das Instrument jedoch nicht. Trompete? Posaune? Nur die Orgel lässt sich heraushören. Neugierig betrete ich die Kirche. Im Altarraum steht eine Frau und bläst – Alphorn! Ein in diesen Breiten eher seltenes Instrument, dessen warmer, voller Klang vortrefflich mit der Orgel harmoniert. Die Organistin und die Alphornistin üben für ein Konzert am nächsten Sonntag, wie sie mir berichten, und die herzlich ausgesprochene Einladung zu selbigem werde ich leider nicht annehmen können, denn in der kommenden Woche sitze ich schon wieder am heimatlichen Schreibtisch, um dieses Buch zu schreiben.

Ich wandere weiter ans Ufer der Sinn, bewundere das als »Klein-Venedig« titulierte Häuserensemble am Flüsschen und gehe weiter zum Pumpenhaus der Siebener Quelle im Siebener Park – sieben Brückenauer Bürger haben 1906 diese Quelle erbohrt. Etwas weiter finde ich auch einen Trinkbrunnen mit der Aufschrift »Heilquelle«, wo das gesunde Wasser ganz ohne Gästekarte getrunken werden kann. Angezeigt ist es zur Stärkung von Knochen und Gelenken, bei Rheuma und Gicht. Wohl bekomm's! *fs*

Zum Abtauchen lädt die *Therme Sinnflut* ein – Badevergnügen mit Tunnelrutsche, Sprungturm, Kletterwand, Wasserspielgarten. Wer in der Sauna dampft, kühlt sich später in einem herrlichen Garten ab.

WANDEL- UND BRUNNENHALLE BAD KISSINGEN /// KURHAUSSTRASSE ///
D-97688 BAD KISSINGEN /// WWW.BADKISSINGEN.DE ///
INFORMATIONEN ZUM KISSINGER SOMMER ERHALTEN SIE BEI
DER TOURIST-INFORMATION ARKADENBAU DIREKT IM KURGARTEN ///
D-97688 BAD KISSINGEN /// 00 49 / 9 71 / 8 04 84 44 ///
WWW.KISSINGERSOMMER.DE ///

RAKOCZYS UND PANDURS HEILENDE KRAFT

Bad Kissingen: Wandel- und Brunnenhalle

5

Ich nähere mich Bad Kissingen an einem heißen Augusttag mit gemischten Gefühlen. Das »Weltbad« wartet! Der Respekt vor der 1.200-jährigen Geschichte des Ortes liegt mir ein wenig im Magen. Wieder einmal habe ich zur Vorbereitung die Größen der Historie nachgelesen, die in Bad Kissingen kurten: Gioachino Rossini, Kaiserin Sissi, Zar Alexander II., König Ludwig II., Otto von Bismarck – auf den hierselbst sogar ein Mordanschlag verübt wurde. Um mir all die Berühmtheiten standesgemäß wandelnd vorzustellen, besuche ich als Erstes das Herzstück des Kurbetriebs gleich an der Saale: die berühmte Wandel- mit integrierter Brunnenhalle.

Mit ihren 90 Metern Länge ist sie die größte ihrer Art in Europa und angelegt wie eine Basilika: ein Mittelschiff, zwei Seitenschiffe, Säulengänge. Sie entstand zwischen 1910 und 1911 nach den Plänen von Max Littmann und ersetzt die vorherige gusseiserne Wandelhalle. Kühl ist es, sanft scheint das Licht durch die hohen, bogenförmigen Scheiben. Gleich atmet es sich freier, das langsame Schlendern, auch »Wandeln«, stellt sich wie von selbst ein. Am Ende des Säulenganges, vor der Brunnenhalle, plätschern Rakoczy und Pandur vor einer weißgekachelten Wand in große Becken. Gelegenheit, gleich einmal vorzukosten. Beide Quellen (Bad Kissingen bietet noch fünf weitere Heilwässer) helfen bei Magen-, Darm- und Galleproblemen. Rakoczy hat ein bisschen mehr Kohlensäure als Pandur, dafür liegt dieser beim Eisen vorn. Nun geht es in die legendäre Brunnenhalle. Unter einem bunten Glasdach führen die Zapfhähne für die Heilwässer um ein in der Mitte der Halle liegendes Becken. Es ist das Reich der Brunnenfrauen, die hier mehrmals täglich die Wässer ausschenken. Doch jetzt ist gerade keine Schankzeit. Die Halle liegt ruhig und schattig da. Ganz allein kann ich ihre noble Atmosphäre auf mich wirken lassen. Soviel steht jetzt schon fest: Sie ist mein Lieblingsplatz Nummer eins in Bad Kissingen. *fs*

Die drehbare Konzertmuschel an der Seite der Querhalle ermöglicht Musikgenuss drinnen wie draußen. Lassen Sie sich also sommers wie winters von der *Staatsbad Philharmonie Kissingen* bezaubern!

LUITPOLDPARK /// SANNERSTEG /// D-97688 BAD KISSINGEN ///

KURGARTEN CAFÉ BAD KISSINGEN /// AM KURGARTEN 8 ///
D-97688 BAD KISSINGEN /// 00 49 / 9 71 / 78 57 98 90 ///
WWW.KURGARTEN-CAFE.DE ///

SPORTELN MIT DEN »FÜNF BAD KISSINGERN«

Bad Kissingen: Luitpoldpark

6

Aus der Wandelhalle den Ausgang zur Saale nehmend, schlendere ich am Fluss entlang zum Luitpoldsteg, der mich zum Luitpoldpark führt. Von hier bietet sich ein wunderbarer Blick auf die Rückseite des Ensembles von Regentenbau, Arkaden und Wandelhalle. Lautlos gleitet ein Kranich knapp über der Saale entlang – ein majestätischer Anblick! In dem 15 Hektar großen englischen Landschaftsgarten zieht es mich zunächst zur mediterranen Kneippanlage. Abkühlung ist bei diesen Temperaturen ein Muss, und unter Palmen und blühender Bougainvillea kneippt es sich gleich doppelt erfrischend. Weiter geht es über schattige Wege zum Klanggarten, einem kleinen, mit Stühlen und versteckten Lautsprechern ausgestatteten Platz. Täglich wird hier mehrmals Musik gespielt – ein Klangerlebnis, das durch das Umhergehen noch interessanter wird, weil je nach Standort andere Elemente der Komposition (Klassik, Jazz, Naturklänge) hervortreten. Vorbei am Barfußlabyrinth – zwei Frauen erkunden die Bodenbeläge gerade in meditativer Stimmung – wandere ich in Richtung Pavillon der Religionen. Auf den Wiesen sitzen Gäste in Liegestühlen oder einfach im Gras. Ich begegne den *Fünf Bad Kissingern* – keine echten Sportler, sondern ein Bewegungsprogramm, mit dem fünf Komponenten der Fitness trainiert werden, wie eine Tafel erläutert. Ab und zu flitzt ein hitzeresistenter Jogger vorbei. An Stellen, wo sich der Baumbestand lichtet, kann ich den gegenüberliegenden Altenberg mit dem Sissi-Denkmal sehen.

Der Pavillon der Religionen vereint sechs Abteilungen, für jede Weltreligion eine sowie einen Bereich für sogenannte »offene Spiritualität«. Ich setze mich auf ein Bänkchen in der Mitte und lasse die zentralen Motive jeder Religion auf mich wirken. Die Holzkonstruktion ist an sechs Seiten offen, ein leichter Wind weht hindurch. Bad Kissingen hat es tatsächlich geschafft, denke ich. Den Spagat zwischen mondän und ganz und gar naturnah. *fs*

Zeit für Kaffee und Kuchen? Genießen Sie im wahrhaft kaiserlichen *Kurgarten Café* eine ebenso kaiserliche Torte aus der hauseigenen Konditorei.

ROSENGARTEN /// BALTHASAR-NEUMANN-PROMENADE ///
D-97688 BAD KISSINGEN ///

RISTORANTE DA VITO /// BALTHASAR-NEUMANN-PROMENADE 8 ///
D-97688 BAD KISSINGEN /// 00 49 / 9 71 / 6 99 11 04 ///
WWW.DA-VITO-RISTORANTE.DE ///

DER DUFT EINES SOMMERNACHMITTAGS

Bad Kissingen: Rosengarten

7

Auf den amerikanisch-britischen Schriftsteller Henry James geht das Zitat zurück, der Begriff »summer afternoon« sei der schönste der englischen Sprache. Über das deutsche Wort »Sommernachmittag« kann ich dasselbe sagen – es zergeht auf der Zunge. Einen solchen Sommernachmittag im Rosengarten (auch: Rosarium) in Bad Kissingen zu verbringen, ist ein Privileg. Hier duftet der Sommer so frisch, plätschert, leuchtet, dass es eine Freude für alle Sinne ist.

Die Farbenpracht der gut 125 Rosensorten ist überwältigend! Gedacht war der Rosengarten ursprünglich als Park für die Bürger Bad Kissingens, da der Kurgarten bei den Arkaden den Kurgästen vorbehalten war. *Die* Attraktion des Rosariums ist der Multimediaspringbrunnen. Das 630 Quadratmeter große Brunnenbecken ist gewaltig, die Fontäne in der Mitte lässt fächerförmig die Tropfen sprudeln. Täglich etwa fünfmal hat ein schillerndes Wasserballett seinen Auftritt. In einer perfekten Choreografie tanzen die Fontänen zu unterschiedlichen Musikstücken. Das Juwel jedoch ist die bei Dunkelheit stattfindende Beamershow. Auf eine »Leinwand« aus dem Sprühnebel der Wasserstrahlen werden Bilder und Videos projiziert. Der Zeitplan richtet sich nach dem Sonnenuntergang, eine Tafel gibt Auskunft. Im August geht der optisch wie akustisch stimmungsvolle Live-Gig gegen 22 Uhr los. Zeit genug, um entlang des Rosengartens an der Promenade in einem Café oder Restaurant auch dem Geschmackssinn zu seinem Recht zu verhelfen. Wer italienische Küche mag, ist bei *Da Vito* aufs Beste aufgehoben. Die hausgemachte Pasta ist ein Gedicht, und schließlich ist doch Pfifferlingsaison! Da können wir nicht widerstehen und bestellen Tagliatelle mit Pfiffern. Bei einer ausgedehnten Mahlzeit und einem köstlichen Espresso den Blick nach Süden wenden, den Regentenbau bewundern oder den Ausflugsschiffen auf ihrer Fahrt die Saale entlang nachgucken … das ist wahres Wohlergehen. *fs*

Das »Dampferle« schippert von April bis Oktober die Saale hinauf bis zur Saline. Dort warten zum Beispiel das Gradierwerk und historische Pumpanlagen auf Neugierige. Abfahrt direkt am Rosengarten.

BRUNNENBAU BAD BOCKLET /// JOHANN-GEORG-SCHÖPPNER-PROMENADE /// D-97708 BAD BOCKLET /// WWW.BADBOCKLET.DE ///

KURGARTENCAFÉ BAD BOCKLET /// WANDELHALLE/IM KURGARTEN /// D-97708 BAD BOCKLET /// 00 49 / 97 08 / 70 45 87 /// WWW.KURGARTENCAFE-BAD-BOCKLET.DE ///

»FÜR DAS BESTE DER LEIDENDEN MENSCHHEIT«

Bad Bocklet: Brunnenbau

8

Er ist das Herzstück der Bockleter Kuranlagen: der Brunnenbau, in dessen First jene in der Überschrift zitierten Worte stehen, ergänzt durch die Angabe des Baujahres »1787«. Die Mitte besteht aus einem zu zwei Seiten hin offenen Tempel, in dem die Quelle sprudelt. In südlicher Richtung kommt man direkt in den weitläufigen Kurpark, nördlich schließt sich der Kurgarten an. Östlich an den Tempelbau ist das Badehaus angebaut, auf der anderen Seite der in Blau gehaltene Biedermeier-Lesesaal mit seiner schlichten Eleganz. Bad Bocklet wird übrigens auch das Biedermeier-Bad genannt! Das leuchtend rote Walmdach und die in warmem Gelb gestrichenen Fenster- und Türlaibungen des Brunnenbaus vermitteln den Eindruck, man habe es mit einem Schlösschen auf dem Land zu tun – die vier Säulen, die den Portikus tragen, verstärken diese Anmutung noch, vermutlich ganz im Sinne des fürstbischöflichen Auftraggebers Franz Ludwig von Erthal.

Wer das Bockleter Heilwasser (im Volksmund wegen seines hohen Eisengehalts auch »Stahlquelle« genannt) gleich probieren möchte, kann es hier tun. Es hat sich als Trinkkur unter anderem bei rheumatischen Beschwerden und Herz-Kreislauf-Erkrankungen bewährt, wird jedoch ebenso als Badekur angewendet. Die natürliche Kohlensäure perlt wie Sekt und lässt die Mineralien schneller einwirken. Der Geschmack der Balthasar-Neumann-Quelle, wie sie offiziell heißt, ist allerdings extrem metallisch – daher auch der flapsige Spruch, den mir der örtliche Buchhändler ans Herz legte: »Ein Bockleter stirbt nicht, er verrostet.« Tatsächlich befinden sich im Becken dicke Schichten von Rost in allen Farben – von Rot bis Türkis. Sterben muss man auf den Genuss des Wassers hin keineswegs, obwohl es Spuren von Arsen enthält. Pro Tag nicht mehr als 1,2 Liter trinken, so heißt es auf den Hinweistafeln mit der Liste der Inhaltsstoffe. Pardon, liebe rostgewöhnte Bockleter, so viel Stahlwasser schaffen wohl nur die Eisenbereiften! *fs*

Bei schönem Wetter durch den naturbelassenen Kurpark bis zur Saale wandern. Oder bei Regen im *KurGartenCafé* (stilvoller Biedermeier!) in der benachbarten Wandelhalle auf einen Kaffee einkehren.

KUNZMANN'S HOTEL /// AN DER PROMENADE 6 /// D-97708 BAD BOCKLET /// 00 49 / 97 08 / 7 80 /// WWW.KUNZMANNS.DE ///

AYURVEDA-ZENTRUM BAD BOCKLET /// AN DER PROMENADE 6 /// D-97708 BAD BOCKLET /// 00 49 / 97 08 / 7 88 32 /// WWW.AYURVEDA4U.DE ///

REHABILITATIONS- UND PRÄVENTIONSZENTRUM BAD BOCKLET /// FRANKENSTRASSE 36 /// D-97708 BAD BOCKLET /// 00 49 / 97 08 / 7 90 /// WWW.REHAZENTRUM-BB.DE ///

LUST AUF EINE RUNDE PADABHYANGA?

Bad Bocklet: Kunzmann's Hotel und Ayurveda-Zentrum 9

Padabhyanga – was nach fernöstlicher Exotik klingt, ist handfeste Wellness für die Füße. Aber nicht irgendeine Fußmassage, sondern eine ayurvedische! Das ruhige Bad Bocklet ist für derart Ausgefallenes genau der richtige Ort, verfügt es doch über ein Ayurveda-Zentrum im direkt am Kurpark liegenden Spa-Hotel *Kunzmann's*. Dort betreut ein Team aus indischen Therapeuten und einem Koch den Patienten im Sinne der über 5.000 Jahre alten indischen Medizinlehre. Wer in diese außergewöhnliche Kombination aus Ernährung, Yoga und Meditation hineinschmecken möchte, kann beispielsweise ein kleines Ayurveda-Paket buchen, das aus zwei Übernachtungen und einem Behandlungstag besteht. Da Ayurveda die physische und mentale Konstitution wieder in Balance bringen will, bietet sich ein längerer Aufenthalt an. Die Padabhyanga-Massage genießen Sie übrigens in einem gemütlichen Raum in der weitläufigen Spa-Landschaft des Hotels; gerne bei meditativer Musik.

Doch *Kunzmann's* bietet noch mehr. Den Spa-Bereich kann man auch ohne Hotelaufenthalt nutzen. Es gibt ein eigenes »Day-Spa«-Angebot. Peeling, Körperwickel und Packungen machen auch alleine Spaß, zu zweit aber sind sie ein besonderes Vergnügen. Etwa mit einer Partner-Verwöhn-Massage oder einem Bad in der Paarwanne mit ihren Luft- und Wasserdüsen, zu dem *Kunzmann's Cuvée* gereicht wird. Prickeln von innen und außen also!

Für mich ist es erst mal Zeit, die kulinarischen Genüsse zu testen; schließlich bin ich auf Recherche hier, das macht hungrig. Es ist ein güldener Septembertag, einer der letzten warmen Abende in diesem Jahr sinkt auf den Kurpark herab. Auf der Terrasse sitzend mag man nicht an Herbst oder Winter denken. Muss man auch nicht: Die Speisekarte des *Kunzmann's* beansprucht alle Aufmerksamkeit und verwöhnt den Gast neben den ayurvedischen Spezialitäten mit hochklassiger, fränkisch inspirierter Küche. Mir hat es vor allem der Rhöner Saibling angetan. Ach ja: und zuvor Padabhyanga. *fs*

In Bad Bocklet denkt man vorbeugend. Das Rehabilitations- und Präventionszentrum bietet unterschiedliche Vorsorgeprogramme an, unter anderem bei Rückenproblemen und drohendem Burnout.

ZUM HUBBRÜNNLEIN GELANGEN SIE ÜBER DIE STAATSSTRASSE 2292 ZWISCHEN ASCHACH UND HOHN. DER SCHMALE WEG ZUR QUELLE FÜHRT AUF DER LINKEN SEITE IN DEN WALD HINEIN.

NÄHERE INFORMATIONEN ERHALTEN SIE IN DER KUR- UND TOURIST-INFORMATION /// KURHAUSSTRASSE 2 /// D-97708 BAD BOCKLET /// 00 49 / 97 08 / 70 70 30 /// WWW.BADBOCKLET.DE ///

DIE FÜHRUNGEN DES STERNENPARKS RHÖN FINDEN AN UNTERSCHIEDLICHEN ORTEN STATT. WEITERE INFORMATIONEN ERTEILT DER STERNENPARK IM BIOSPHÄRENRESERVAT RHÖN /// 08 00 / 9 71 97 72 /// WWW.STERNENPARK-RHOEN.DE ///

ERFRISCHENDES NASS AUS DEM WALD

Bad Bocklet: Hubbrünnlein

10

Ende des Sommers. Noch einmal mit dem Rad los, ohne Handschuhe oder Mütze. Die Sonne brennt nicht mehr so heiß; man hat eine Jacke dabei, nur für den Fall. Es duftet nach Früchten, ein wenig nach Laub, nach Wärme und Straße. Kräftig in die Pedale tretend flitze ich die westlich von Bad Bocklet liegende Staatsstraße 2292 entlang. Rechts liegt der kleine Kurort beschaulich im Tal, auf das Grün gebettet wie auf ein Kissen. Ich will eigentlich nach Steinach, das Riemenschneider-Kruzifix ansehen, aber zuvor noch zum Hubbrünnlein. Die Einheimischen schätzen sein frisches, durstlöschendes Wasser.

Die Quelle liegt neben der Straße im Wald, die Zufahrt ist nicht leicht zu erkennen. Es gilt also, die Geschwindigkeit zu reduzieren und nach einem schmalen Weg ins dunkle Grün hinein Ausschau zu halten. Leider bin ich schon vorbeigeradelt, also noch mal zurückstrampeln. Der Pfad in den Wald besteht aus unebenen Platten, ist recht holprig, aber dann bin ich gleich an der Quelle. Sie wurde 2007 neu gefasst, wie der Schlussstein in dem bogenförmigen Überbau informiert. Schön schattig ist es hier, kühl unter den Bäumen, jetzt macht sich die mitgenommene Jacke bezahlt. Das Wasser aus dem Hubbrünnlein ist eiskalt und wunderbar frisch. Ich lasse es über meine Arme rinnen, bevor ich davon trinke. Seltsam und lustig zugleich, es ist das erste Mal auf meiner Recherchetour zu diesem Buch, dass ich ein Wasser ohne Zusatzgeschmack probiere!

Ein Wagen kommt im Schritttempo herangefahren. Ein Mann steigt aus und hievt einen leeren Wasserkasten aus dem Kofferraum. Er versorge sich hier wöchentlich mit Wasser, erzählt er, während er seine Flaschen auffüllt. »Eine Woche lang bleibt es frisch, wissen Sie?« Dann lädt er seine flüssige Fracht ein und fährt davon. Zurück bleibt nur das Rauschen der Bäume im leichten Wind. Irgendwo raschelt ein Tier. Auch ich fülle meine Wasserflasche auf. Mit dem ganz normalen kühlen Nass aus dem Hubbrünnlein. *fs*

☞ Die Rhön kennt keine »Lichtverschmutzung«, freier Blick zu den Sternen! Der *Sternenpark Rhön* vermittelt tolle Erlebnisse für Sternegucker: zum Beispiel einen astronomischen Vollmondspaziergang.

ST. NIKOLAUS UND ST. KATHARINA /// MARKTPLATZ 5 ///
D-97780 BAD BOCKLET-STEINACH ///

SKI- UND RODELARENA WASSERKUPPE /// WASSERKUPPE 60 ///
D-36129 GERSFELD /// 00 49 / 66 54 / 6 32 ///
WWW.SOMMERRODELBAHNEN-WASSERKUPPE.DE ///

RIEMENSCHNEIDERS CLEVERES COPYRIGHT

Bad Bocklet: St. Nikolaus und St. Katharina in Steinach 11

Wie viele fränkische Orte strahlt das über 1.000 Jahre alte Steinach etwas Ehrwürdiges aus; bestimmt liegt dies auch an der markanten katholischen Pfarrkirche St. Nikolaus und St. Katharina mit ihrem 68 Meter hohen und für diesen Teil Frankens typischen Echter-Turm (ein spitzer, achteckiger Helm auf einem quadratischen Grundriss), der schon von Weitem zu sehen ist.

Beim Betreten der Kirche fällt sofort ihr spartanischer Stil auf. Ein Kurzführer erläutert die wechselvolle Geschichte des Bauwerks. Ein besonders drastischer Einschnitt in neuerer Zeit war das Weißer-Sonntag-Wochenende 1945. Bei Kämpfen zwischen der deutschen Wehrmacht und amerikanischen Verbänden wurde Steinach schwer getroffen, ein Großteil der Häuser und Höfe sowie die Kirche zu Teilen zerstört. Heute beeindrucken vor allem das Langhaus und Elemente der ehemaligen Innenausstattung, die mit modernen Stücken kombiniert teilweise wieder zu sehen sind, etwa die Figuren der Kirchenpatrone, die auf Sandsteinpodesten einen neuen Platz fanden. Alles überschauend, alles beherrschend ist jedoch das im Chor der Kirche frei hängende Kruzifix von Tilmann Riemenschneider. Dass es sich bei dieser Holzarbeit um ein Original handelt, bestätigt ein vom Künstler selbst in der Skulptur zurückgelassenes Pergament. Darauf bezeugt Riemenschneider handschriftlich, im Jahr 1516 dieses Kruzifix eigenhändig angefertigt zu haben. Er höhlte die Seitenwunde der Christusfigur zum Rücken hin aus, um neben der Urkunde auch ein paar Reliquien unterzubringen. Entdeckt wurde das spezielle Versteck bei Restaurierungsarbeiten im Jahr 1903.

Wie viele Werke Riemenschneiders zeichnet sich der Steinacher Gekreuzigte durch ein ausdrucksstarkes Gesicht aus. Schmerz und zugleich inneren Frieden, Einklang mit sich und dem Schicksal scheint der hölzerne Jesus auszustrahlen. Sein Kopf ist nach rechts geneigt, der Mund leicht geöffnet, die Augen geschlossen. Das Kruzifix zieht alle Blicke auf sich. *fs*

Kunst- und Naturgenuss zu verbinden, das bietet sich in der Rhön an. Auf der Wasserkuppe, dem *Berg der Flieger*, warten ein Segelflugzentrum und eine Sommerrodelbahn.

SCHWARZES MOOR /// SCHWARZES MOOR 1 /// D-97650 FLADUNGEN ///
00 49 / 97 78 / 74 85 16 /// WWW.BIOSPHAERENRESERVAT-RHOEN.DE ///
BERGGASTHOF UND HOTEL SENNHÜTTE /// SENNHÜTTE 1 ///
D-97650 FLADUNGEN /// 00 49 / 97 78 / 9 10 10 ///
WWW.SENNHUETTE-RHOEN.DE ///

»O SCHAURIG IST'S, ÜBERS MOOR ZU GEHN«

Ausflug: Schwarzes Moor bei Fladungen

12

Um Moore ranken sich so viele Geschichten, Moorleichen inbegriffen, dass die Fahrt von Bad Bocklet bis Bischofsheim und weiter über die Hochrhönstraße wie im Flug vergeht. Jeder im Wagen hat irgendeine Schauergeschichte beizutragen. Kaum haben wir Augen für die schmale Straße, die sich in engen Kurven auf 800 Meter windet. An der Infostelle parken wir, stärken uns mit einer Rhöner Bratwurst und erfahren erste dürre Daten: Das Schwarze Moor befindet sich auf einer Höhe von 770 bis 782 Metern am Osthang des Querenberges. Bis zu 110 Tage im Jahr liegt hier Schnee. Knappe zwei Drittel des Jahres umwabert Nebel die Rhöngipfel. Der Lehrpfad aus Holzbohlen, der uns circa 2,3 Kilometer lang durch einen Teil des Moores führt, weckt unsere Sensibilität für diesen empfindlichen Lebensraum, kann aber noch viel mehr: Er lockt uns in eine andere Welt, in der die Landschaft, der Bewuchs, das Gras sich ändern – auf Schritt und Tritt. Zunächst führt der Weg eine Wiese entlang durch lichten Wald, dann weichen die Bäume, und entlang des hölzernen Stegs tauchen Matschlöcher auf. Faszinierend ist auch das Moorauge, kaffeebraunes Wasser in einem ovalen Teich, im Wind kräuseln sich Wellen. Ein Vater hält die Spannung für seine beiden Jungen aufrecht, indem er den im Wasser treibenden Baumstamm zum Krokodil erklärt. Wie Mooraugen entstehen, sei noch nicht geklärt, sagt ein Hinweisschild. Jedenfalls leben wegen der niedrigen Temperatur kaum Tiere und Pflanzen darin – das Krokodil wird es schwer haben.

Bänke laden zu Pausen ein, der Blick wandert in die Weite. Gegen Ende des Rundweges wartet ein Aussichtsturm, von dem aus man bis zur Wasserkuppe schauen kann. Drei Stunden sind wir gewandert, haben uns Zeit gelassen. Und schaurig war's nicht, übers Moor zu gehen, wie Annette von Droste-Hülshoff einst in ihrer berühmten Ballade dichtete. Im Gegenteil: Wir fühlen uns rundum erholt. *fs*

Gut essen und übernachten kann man im Berggasthof und Hotel *Sennhütte* auf 753 Metern, unterhalb des Schwarzen Moors. In den kühlen Rhön-Nächten knistert das Feuer im Lounge-Kamin besonders heimelig.

FRANKENTHERME BAD KÖNIGSHOFEN /// AM KURZENTRUM 1 ///
D-97631 BAD KÖNIGSHOFEN IM GRABFELD ///
00 49 / 97 61 / 9 12 00 /// WWW.FRANKENTHERME.DE ///

FRÄNKISCHES FREILANDMUSEUM FLADUNGEN ///
BAHNHOFSTRASSE 19 /// D-97650 FLADUNGEN ///
00 49 / 97 78 / 9 12 30 /// WWW.FREILANDMUSEUM-FLADUNGEN.DE ///

SPRUDELNDE VITALITÄT

Bad Königshofen: »FrankenTherme« 13

Im Foyer der *FrankenTherme* wartet schon der Trinkbrunnen: Also mutig voran, die Heilwasserdegustation gehört zu einem Besuch in einem Kurort ja unbedingt dazu! Wir wagen uns zuerst an die Urbaniquelle. Der metallische Geschmack macht sich sofort bemerkbar, dazu kommt eine leichte Bitterkeit. Der Teenager neben mir, eben noch mutiger Verkoster, verzieht das Gesicht. Jetzt die Regiusquelle. Ein Vielfaches an Natrium und Chlorid macht sie salziger. Beide Heilwässer haben sich besonders bei Gallen- und Leberleiden bewährt sowie bei Erkrankungen der Bauchspeicheldrüse, des Magens und des Darms.

Wasser möbelt aber nicht nur von innen auf, deswegen wollen wir heute bevorzugt die äußere Anwendung genießen. Bekannt ist Bad Königshofen für seinen Heilwassersee; übrigens der erste seiner Art in Deutschland. In natürlicher Umgebung (kein Chlor, das Wasser wird biologisch aufbereitet!) badet der Gast im bis auf 30 Grad erwärmten Heilwasser aus der salzigen Regiusquelle, genießt Unterwasserdüsen und Sprudelliegen und kuschelt sich nach dem Bad entspannt in einen Strandkorb, den Blick in die Ferne gerichtet, auf die grünen Hügel der fränkischen Landschaft. Ein kleiner Urlaub für zwischendurch. Regius tut, äußerlich angewandt, besonders dem Bewegungsapparat gut. Somit steht einer Partie Beachvolleyball nichts mehr im Wege! Übrigens ist das Bad im Heilwassersee auch den Atmungsorganen und dem größten menschlichen Organ, der Haut, förderlich.

Zwischen Mitte Oktober und Mitte April jedoch braucht es Alternativen. Couragierte können natürlich auch im Winter im Außenbecken schwimmen – das Wasser ist bis auf 34 Grad beheizt. Wem das zu sportlich ist, zieht sich in das finnisch-fränkische Saunadorf zurück. Hier gibt es Saunen für alle Arten von Hitzebeständigkeit. Da wir uns in Franken befinden, betrachten wir die Brauhaussauna gar als ein Muss. Stündlich wird aufgegossen, auch mit Bier! Wohl bekomms! *fs*

☞ Nur gute 40 Kilometer sind es in die kleine Rhönstadt Fladungen. Hier lädt das Fränkische Freilandmuseum Erwachsene zum Ölschlagen oder Mehlmahlen ein, Kinder spielen historische Spiele.

STADTPFARRKIRCHE MARIÄ HIMMELFAHRT BAD KÖNIGSHOFEN IM GRABFELD /// KIRCHPLATZ 3 /// D-97631 BAD KÖNIGSHOFEN IM GRABFELD /// 00 49 / 97 61 / 20 11 ///

VOLLER FARBENPRACHT UND RÄTSEL

Bad Königshofen: Stadtpfarrkirche Mariä Himmelfahrt 14

Bad Königshofen im Grabfeld (741 erstmals urkundlich erwähnt) ist eines der kleineren Bäder in der bayerischen Rhön. Umgeben von den Haßbergen im Süden, der Rhön im Nordwesten und dem Thüringer Wald im Osten nimmt es einen weitläufigen und wunderbar grünen Platz im Norden Bayerns ein. Die Altstadt wird überragt vom Turm der Stadtpfarrkirche Mariä Himmelfahrt, und die ist heute mein erstes Ziel, als ich das Auto am Rathaus abstelle und mich auf den Weg mache, einen Schlenker über den Marktplatz mit seinen fast herrschaftlichen Bürgerhäusern einlegend.

Es ist einer jener Frühlingstage, an denen man verdutzt die Jacke aufmacht und den warmen Wind genießt. Krähen zischen durch das Blau rund um den Turm aus gelben Sandsteinen. Alles wirkt farbiger als noch Tage zuvor. Eine gute Vorbereitung auf das prächtige Innere der Kirche, die Anfang des 16. Jahrhunderts fertiggestellt wurde. Bis heute sind die Namen einiger Künstler und Handwerker, die das Bauwerk prägten, unbekannt; 27 Steinmetzzeichen sind nicht entschlüsselt. Archäologische Rätsel also, die Stoff für einen historischen Roman bereithalten.

Im Innern fällt besonders das engmaschige Netzgewölbe auf. Kopf in den Nacken legen und bestaunen – anders geht es nicht, wenn man die Schlusssteine auf sich wirken lassen will, die sich wie eine bunte Schnur an der Decke des Hauptschiffs entlangziehen. Ein Christushaupt auf rotem Grund ganz im Osten macht den Anfang, es folgen Adelswappen sowie diverse bürgerliche Wappen. Der Kirchenraum wird dominiert vom neugotischen Hochaltar, dessen Flügel unter anderem die Erschaffung der Welt darstellen. Auch hier ein Farbenrausch: Die Fenster hinter dem Altar sind in den 1950er-Jahren erneuert worden, Blau- und Rottöne drängen sich in den Vordergrund, hinzu kommt das Gold des Flügelaltars. Barocke Zunftstangen umrahmen den Chorraum, auf ihren Spitzen balancieren die Zunftpatrone – ebenfalls farbenprächtig bis in die kleinste Gewandfalte. *fs*

Von der Kirche zum Rathaus und von dort in die Elisabethastraße spazieren. Der Straßenzug ist eine geschlossene Reihe von alten Ackerbürgerhöfen, die Wirtschaftsgebäude liegen an der Brauhausstraße.

GRADIERPAVILLON /// JAHNPROMENADE 3 ///
D-97631 BAD KÖNIGSHOFEN IM GRABFELD ///

WEITERE INFORMATIONEN ERTEILT DIE FRANKENTHERME BAD KÖNIGSHOFEN /// AM KURZENTRUM 1 /// D-97631 BAD KÖNIGSHOFEN IM GRABFELD /// 00 49 / 97 61 / 9 12 00 /// WWW.FRANKENTHERME.DE ///

BESCHEIDENHEIT IST EINE ZIER

Bad Königshofen: Gradierpavillon

15

Eine deutsche Redensart legt nahe, dass Bescheidenheit zwar eine Zier sei, man aber ohne selbige besser zurechtkäme. Das mag auf vieles zutreffen – nicht aber auf den Erholungswert des Gradierpavillons in Bad Königshofen.

Wie schon angedeutet – das kleine Bad im fränkischen Grabfeld wartet nicht mit Mondänität und schicken Adressen auf. Lieber mit Bescheidenheit. Mit dem, was die Natur bietet, insbesondere die beiden Heilquellen und die Landschaft ringsum. Insofern ist der erholsamste Platz in Bad Königshofen für meinen Geschmack der Gradierpavillon. Nur wenige Gehminuten von der *FrankenTherme* entfernt, im Kurpark, liegt der Rundbau auf einer Wiese. Gradierwerke oder Salinen dienten früher zur Gewinnung von Salz. Inzwischen bieten sie Kurgästen einen Therapieort, der jederzeit ohne Eintrittsgeld aufgesucht werden kann und insbesondere den Atemwegen wohltut. Eine Holzkonstruktion trägt Wände aus Schwarzdornreisig, an dessen Zweigen das 15-prozentige Solewasser der Urbaniquelle herabtröpfelt. So ist die Atemluft sehr salzhaltig, was bei regelmäßiger Anwendung insbesondere auf Bronchien und Nebenhöhlen einen positiven Effekt hat; die salinische Luft wirkt reizmildernd, entzündungshemmend und schleimlösend.

In Bad Königshofen sitzt man entweder innen im Pavillon und damit komplett umgeben vom Plätschern des Wassers – meditativ unterstützt durch träumerische Entspannungsmusik – oder am Außenrand der Konstruktion, wo es weniger feucht zugeht. Am besten nimmt man sich eine Regenjacke und eine wasserfeste Unterlage mit. Empfohlen wird die Anwendung für 30 Minuten dreimal pro Woche. Man muss nichts tun – außer sitzen, lauschen, atmen. Nie hätte ich gedacht, dass dieser bescheidene Rundbau mit seinen Reisigbündeln mein absoluter Lieblingsplatz in Bad Königshofen werden würde! Behaupten Sie jetzt nicht, es wäre Ihnen zu langweilig, eine halbe Stunde nur zu sitzen und zu atmen. Zur Not nehmen Sie eben dieses Buch mit. *fs*

Gleich dem Gradierpavillon gegenüber führt ein Fußweg zum Grenzsteingarten, einer Sammlung von mehr als 60 Grenzsteinen unterschiedlicher Epochen.

WALLFAHRTSKIRCHE MARIÄ GEBURT /// KIRCHLEINSWEG ///
D-97631 BAD KÖNIGSHOFEN-IPTHAUSEN ///
WWW.WALLFAHRT.BISTUM-WUERZBURG.DE ///

HOTEL-RESTAURANT SCHLUNDHAUS /// MARKTPLATZ 25 ///
D-97631 BAD KÖNIGSHOFEN IM GRABFELD ///
00 49 / 97 61 / 15 62 /// WWW.SCHLUNDHAUS.DE ///

ITALIENS FLAIR IM FRÄNKISCHEN GRABFELD

Bad Königshofen: Wallfahrtskirche Mariä Geburt Ipthausen 16

Haben Sie nach dem vitalisierenden Besuch der *FrankenTherme* noch Lust auf eine kulturell-spirituelle Erfrischung? Dann folgen Sie mir auf einem Spaziergang vom Parkplatz der Therme durch eine herrliche Birkenallee nach Ipthausen. Allein das frische Grün der Birken erquickt, und der knappe Kilometer Fußweg testet gleich die Funktionsfähigkeit der durch das Bad im Heilwassersee stimulierten Gelenke. Bestaunen können wir zudem eine Vielzahl alter Bildstöcke am Wegesrand.

Am Ende der Allee liegt die kleine Wallfahrtskirche Mariä Geburt. Ihre Geschichte ist wie die vieler Gotteshäuser von Zerstörung und Neubeginn geprägt. Eine Kapelle hat es hier schon Mitte des 15. Jahrhunderts gegeben. 1631 zog das schwedische Heer nach Königshofen, doch die Festungsmauern hielten den Angriffen stand. Also wurden die Dörfer ringsum geplündert und zerstört. 1649 wurde die Kirche neu errichtet, 100 Jahre später entstand der heutige Bau.

Trotz der Frühlingsgefühle draußen hat sich im Kirchenraum noch die eisige Kälte des Winters gehalten; wir sehen unseren Atem vor unserem Gesicht und damit den üppigen Rokoko mit viel Weiß und Gold auf dunklem Untergrund ein klein wenig im Dunst. Das prächtige, lichtdurchflutete Deckengemälde mit illusionistischen Effekten schuf Georg Anton Urlaub. Der Einfluss des berühmten venezianischen Malers Giovanni Battista Tiepolo, bei dem Urlaub lernte und von dem das Deckenfresko im Treppenhaus der Würzburger Residenz stammt, sticht ins Auge. Wir freuen uns an einem Hauch Italien im fränkischen Grabfeld, ein zarter Sinneseindruck, der die knirschende Kälte um uns herum sofort vertreibt. Spirituelles Herzstück der Kirche ist die Pietà an der rechten Seitenwand. Das kleine Gnadenbild aus dem Jahr 1650, das die Muttergottes mit dem Leichnam ihres Sohnes darstellt, fällt so schnell nicht auf. Dennoch ist es der Mittelpunkt zahlreicher Wallfahrten, die Ipthausen zum Ziel haben. *fs*

Hervorragende fränkische Küche kommt im Hotel-Restaurant *Schlundhaus* auf die Teller. Die farbenfrohe Fassade lockt hinein, drinnen speist es sich stilvoll in historischem Ambiente.

KIRCHENBURG OSTHEIM VOR DER RHÖN /// FRIEDENSTRASSE 7 ///
D-97645 OSTHEIM VOR DER RHÖN ///
WWW.LEBENDIGE-KIRCHENBURG.DE ///
TRIAMARE /// MÜHLBACHER STRASSE 15 /// D-97616 BAD NEUSTADT
AN DER SAALE /// 00 49 / 97 71 / 6 30 99 50 /// WWW.TRIAMARE.DE ///

EINE BASTION AUS ALTER ZEIT

Ausflug: Kirchenburg in Ostheim vor der Rhön

17

In Franken und Thüringen sind Kirchenburgen eine feste Größe im Bild vieler Ortschaften. In Ostheim vor der Rhön steht eine der am besten erhaltenen in Deutschland. Man ahnt ihre gewaltigen Ausmaße bereits, wenn man in den Ort hineinfährt. Die wehrhafte Anlage, die heute so malerisch in der Sonne glänzt, entstand nach und nach rund um den 1410 geweihten Kirchenbau zu dessen Schutz und als Zufluchtsstätte der Bevölkerung. Die Kirche dominiert die fast quadratische Anlage. Während ich in den Schatten der Zwingmauern entlangwandere, höre ich Hufgeklapper und Pferdeschnauben – nur eine Fantasie? Drei der vier circa 25 Meter hohen Ecktürme besitzen einen Fachwerkaufsatz unter der roten Ziegelhaube. Den Waagglockenturm kann man besteigen – die Stufenführung ist ein wenig abenteuerlich, auch hier drängen sich Assoziationen aus Historienfilmen auf. Im Eingangsbereich erklärt eine Tafel, wie eine Turmuhr funktioniert und dass diese bis ins 17. Jahrhundert noch kein Zifferblatt hatten. Klang der Glockenschlag des Waagglockenturms übers Land, mussten die Bauern ihre Zehnt- und Lehensabgaben wiegen lassen.

Es ist heiß heute, ich schätze daher die Kühle in der Kirche St. Michael. Lege den Kopf in den Nacken. Wer ein Fernglas dabeihat, ist klar im Vorteil. Das Gemälde des Tonnengewölbes zeigt Szenen aus der Offenbarung des Johannes, zarte Farben auf graublauem Grund. Am besten gefällt mir jedoch, wie bunt und menschlich die Anbetung der Heiligen Drei Könige am Seitenaltar dargestellt ist.

Übrigens punktet das schmucke Ostheim, ohne Übertreibung auch »Perle an der Streu« genannt, nicht nur mit seiner Kirchenburg. Seine reizvolle Mittelgebirgslage im Dreiländereck von Bayern, Hessen und Thüringen macht den Luftkurort attraktiv für wanderfreudige Urlauber und solche, die gerne auf historischen Spuren wandeln. *fs*

Im sportlichen Bad *Triamare* in Bad Neustadt an der Saale stürzen sich ambitionierte Schwimmer gern in die Fluten, etwa auf der 50-Meter-Bahn draußen. Mutige schätzen den Zehn-Meter-Sprungturm!

THERMENATUR BAD RODACH /// THERMALBADSTRASSE 18 ///
D-96476 BAD RODACH /// 00 49 / 95 64 / 9 23 20 ///
WWW.THERME-NATUR.DE ///

HEILUNG AUS DEN TIEFEN DER ERDE

Bad Rodach: »ThermeNatur«

18

Dass sie auf einer heißen Quelle sitzen, ahnten die Rodacher bereits, bevor 1972 die Bohrung nach der Heilquelle begann. War im Winter der ganze Ort mit seinen umgebenden Hügeln tief verschneit, blieb die weiße Pracht auf dem Schleichersberg einfach nicht liegen. Der Verdacht lag nahe, dass auch Rodach wie das nahe Bad Colberg auf einem heißen Wassertopf sitzt. Auf dem Grundstück der früheren Waldarbeiterin Ida Schleicher, die der Stadt Rodach zwei Hektar Land überließ und im Gegenzug eine Leibrente sowie ein Wohnhaus im Ort erhielt, befindet sich heute die *ThermeNatur*. Seit 1988 sind sogar zwei Thermalquellen erschlossen, eine aus 652 Metern, die andere aus mehr als 1.000 Metern Tiefe. Das warme Wasser hilft bei Gelenkerkrankungen und Abnutzungserscheinungen der Wirbelsäule, lindert Beschwerden bei Weichteilrheumatismus und Hauterkrankungen und ist auch angezeigt nach Operationen am Bewegungsapparat.

Aktivität im warmen Wasser ist natürlich nicht nur Kranken vorbehalten, sondern entspannt alle Gäste, die dem Druck des Alltags für ein paar Stunden entkommen wollen. Spaß macht das Schwimmen in den Bewegungsbecken, von denen eines in der Therme, das andere außen liegt. Auch an kalten Wintertagen kann man durch eine Schleuse in den Außenbereich schwimmen, ohne das Wasser zu verlassen. Einmal schwerelos schweben? Das geht im angenehmen 35 Grad warmen Strömungskanal beinahe so gut wie im Weltall.

Wer mit einer Schwitzkur etwas Gutes für seine Gesundheit tun möchte, durchstreift am besten die Saunalandschaft Erdfeuer mit ihren fünf Saunen; eine ganz besondere Atmosphäre strahlt die runde, in die Erde eingelassene Erdhügelsauna mit dem verglasten Kamin in der Mitte aus. In der Vita-Bar im Saunabereich erfrischen Säfte und kleine Snacks nach einem anstrengenden Badetag. Für den größeren Hunger steht das Thermen-Restaurant bereit mit seinem herrlichen Panoramablick auf die Langen Berge. *fs*

Bei Vollmond auf dem Rücken treibend in den Himmel blinzeln und dabei eine Luna-Bowle schlürfen. Wer mag, leiht eine Luftmatratze für den komfortablen Blick in den Himmel aus.

JOHANNISKIRCHE /// KIRCHGASSE /// D-96476 BAD RODACH ///

WALDBÜHNE HELDRITT /// HAUPTSTRASSE 9 ///
D-96476 BAD RODACH-HELDRITT ///
00 49 / 95 64 / 80 04 41 /// WWW.WALDBUEHNE-HELDRITT.DE ///

EIN RAUM VOLLER LICHT UND MAGIE

Bad Rodach: Johanniskirche

19

Es ist Tag des offenen Denkmals in Bayern, wir sind in Bad Rodach. Wer wollte da nicht die Gelegenheit ergreifen, um einige der beeindruckenden Bauwerke der mittelalterlichen Stadt zu besichtigen? Wir entscheiden uns für eine Führung durch die Johanniskirche, die evangelische Hauptkirche.

Rodachs Geschichte ist eine von Krieg und Frieden. Die Stadt musste im Dreißigjährigen Krieg schwere Verwüstungen hinnehmen: Als Wallensteins Truppen am 5.10.1632 von der uneinnehmbaren Veste Coburg abzogen und sich über die Umgebung hermachten, wurde sie fast vollständig niedergebrannt, die Johanniskirche dem Erdboden gleichgemacht. Erst Herzog Franz Josias von Sachsen-Coburg-Saalfeld ließ Mitte des 18. Jahrhunderts das Langhaus wieder errichten. Chor, Turm und Sakristei stammen noch aus »katholischer« Zeit. Franz Josias hat sie stilistisch in den neuen, ganz nach evangelischem Gusto gestalteten Teil integriert. Wir bewundern die blassblauen Zierrahmen an den Emporen, die Flachdecke mit dem weißen Stuck und die prächtige Kanzel mit ihren Goldverzierungen – ganz der protestantische Markgrafenstil. Die Stadtführerin erzählt über Zeitgeschichte und Kunsthistorie so entspannt wie über aktuelles kirchliches Engagement. Da mischen sich Anekdoten von Pannen beim Anbringen des Adventskranzes mit Berichten über die Umgestaltung des Kirchenraumes in den letzten 20 Jahren, die nicht immer und von jedem Rodacher mitgetragen sein wollte. Dann bekommen wir Zugang zur Fürstenloge direkt gegenüber der Kanzel, wo ein kleines Museum mit liturgischen Ausstellungsstücken wie Kelch und Patene entsteht. Ein Führungsteilnehmer soll die Loge probehalber abschließen. Es ist – natürlich – ein Trick dabei, die alten Schlösser lassen sich so leicht nicht überlisten.

Zum Abschluss lasse ich den Kirchenraum noch einmal auf mich wirken. Die Nachmittagssonne flutet durch die Fenster und bringt die lichten Farben beinahe zum Klingen. Magie pur. *fs*

Im Juni und Juli wird die Waldbühne im nahen Heldritt bespielt: Lustspiel, Märchen, Comedy und Kabarett vor fantastischer Naturkulisse. Unbedingt einen Besuch wert!

EINEN WEITEN BLICK INS UMLAND BIETET DIE HENNEBERGER WARTE AUF DEM GEORGENBERG /// D-96476 BAD RODACH ///

WEITERE INFORMATIONEN ERTEILT DIE GÄSTEINFORMATION BAD RODACH /// SCHLOSSPLATZ 5 /// D-96476 BAD RODACH /// 00 49 / 95 64 / 15 50 ///

AUSFLUGSLOKAL ST. GEORGENBERG /// GEORGENBERG /// 96476 BAD RODACH /// 00 49 / 95 64 / 5 25 00 28 /// WWW.GEORGENBERG-BADRODACH.DE ///

WIR GRENZLANDLEUTE

Bad Rodach: Georgenberg

20

An diesem Septembertag möchte man Pflaumenkerne und bunte Drachen übersehen. Sieht der Himmel nicht aus, als ob es soeben Frühling geworden wäre? Der ideale Tag, um auf den zwei Kilometer südwestlich von Bad Rodach gelegenen Georgenberg zu wandern, und zwar auf die größere der beiden Kuppen – 403 Meter über Normalnull. Den Namen hat der Berg vom heiligen Georg, dem hier im 12. Jahrhundert ein Kloster geweiht wurde. Um 1550 wurde es abgebrochen. Einige Steine sollen danach beim Bau der Rodacher Stadtmauer verwendet worden sein.

Wir spazieren durch den Wald, Vögel singen, die Natur legt sich ins Zeug. Als Kind war ich oft hier, im äußersten Winkel Bayerns, knapp an der Grenze zur DDR. Irgendwie schwebte über Ausflügen in diese Nischen immer etwas Finsteres, als könnte jeden Moment etwas Unerwartetes über einen hereinbrechen. Wir begegnen einem Spaziergänger, der Mann sucht das Gespräch. Ob wir auf die Henneberger Warte wollen, den Aussichtsturm auf dem Gipfel? Heute reicht der Blick bis zum Staffelberg! Und zur Heldburg! – Wir stimmen zu. Er beginnt zu erzählen. Stammt aus der Gegend, war einer der ersten, die den 30 Meter hohen Turm nach seiner Errichtung 1987 bestiegen. Schließlich konnte man nun endlich in das unerreichbare Thüringer Land hinübersehen. Ich bin auch Grenzlandkind, sage ich. Da legt er richtig los: Wie er und seine Freunde sich oft nachts an der Grenze herumtrieben. Wie dann die Grenze immer undurchdringlicher gemacht wurde, ab 1961 hatte man Antipersonenminen verlegt. Im Winter seien die manches Mal durch starken Schneefall oder ein Reh ausgelöst worden. »Das kann man gar niemandem mehr erzählen, das glaubt doch keiner!«, meint er noch. »Nur wir Grenzlandleute, wir kennen dieses komische Gefühl, wie es damals war, oder?«

Wenig später haben wir die Henneberger Warte erreicht. Der Blick ist atemberaubend. Und ja, dieses »komische Gefühl« ist immer noch da. Als Erinnerung, die der frische Wind gerade verweht. *fs*

Unweit vom Aussichtsturm liegt das Ausflugslokal *St. Georgenberg,* der Biergarten punktet mit toller Aussicht, deftigem Essen und einem Kinderspielplatz.

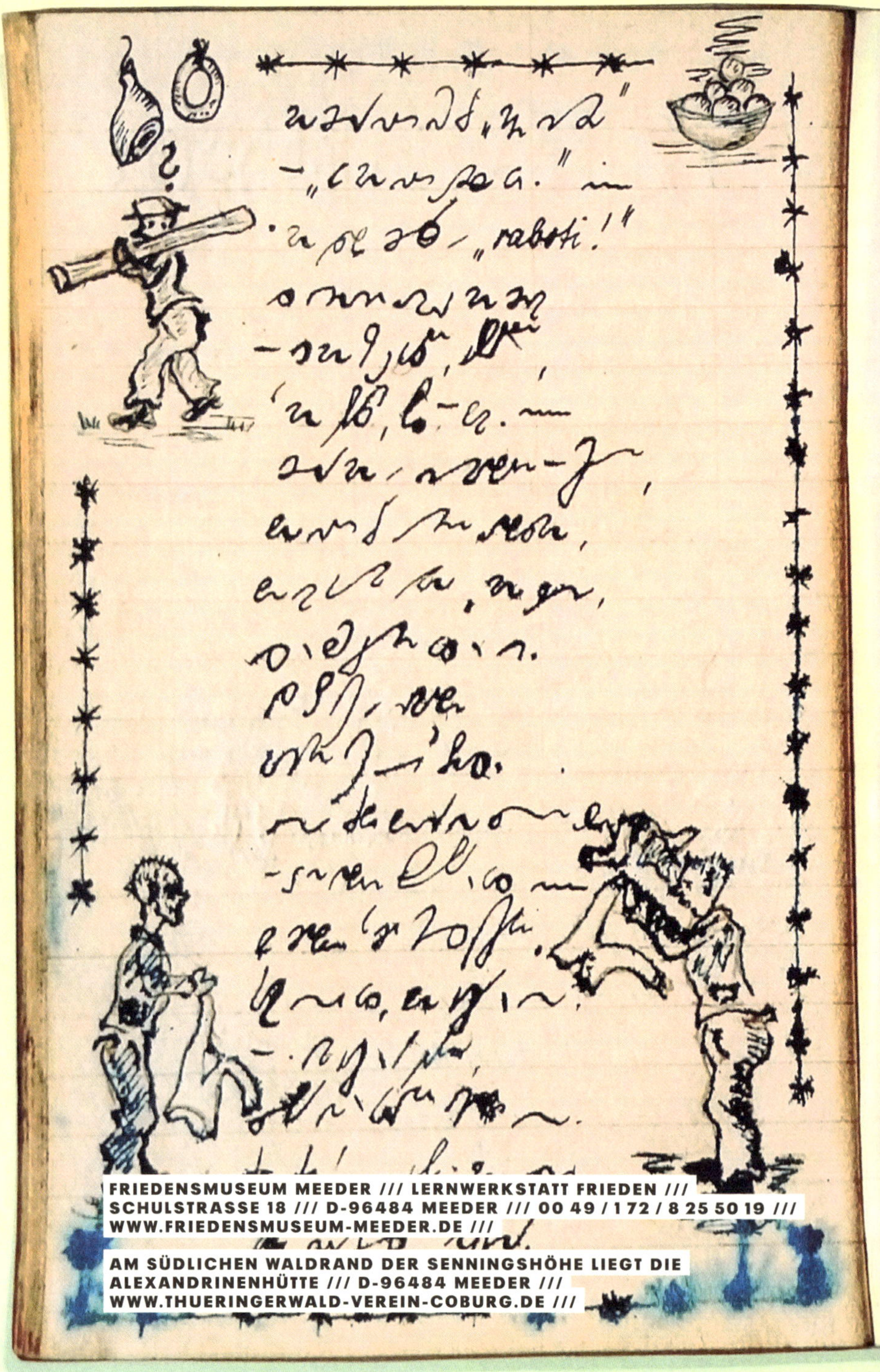

FRIEDENSMUSEUM MEEDER /// LERNWERKSTATT FRIEDEN ///
SCHULSTRASSE 18 /// D-96484 MEEDER /// 00 49 / 172 / 8 25 50 19 ///
WWW.FRIEDENSMUSEUM-MEEDER.DE ///

AM SÜDLICHEN WALDRAND DER SENNINGSHÖHE LIEGT DIE
ALEXANDRINENHÜTTE /// D-96484 MEEDER ///
WWW.THUERINGERWALD-VEREIN-COBURG.DE ///

EIN FEST FÜR DEN FRIEDEN

Ausflug: Friedensmuseum in Meeder

21

Ein güldener Herbsttag. Anstelle eines Museums würde sich eine Wanderung über die Langen Berge im Norden von Bad Rodach anbieten. Doch das kleine Friedensmuseum in Meeder habe ich seit Langem auf meiner Liste von Orten, die ich in der Region noch kennenlernen will.

Es liegt im Souterrain der örtlichen Grundschule, am Eingang grüßen ein paar Requisiten aus der Zeit der deutschen Teilung: DDR-Uniformmützen, Zeitungsartikel zum Fall des Eisernen Vorhangs. Aus den Tiefen des Museums tönt Gesang. Wolfgang Geuss, Seele des Hauses, vertreibt sich die Zeit, während er auf Besucher wartet. Gleich bietet er mir eine individuelle Führung an. Ausgerechnet das kleine Meeder, so erfahre ich, widmet sich neben Augsburg als einzige Stadt in Deutschland der Tradition des Friedensfestes. Der Brauch geht auf den Coburger Herzog Friedrich Wilhelm II. zurück. Gefeiert wird im August in dankbarer Erinnerung an den Westfälischen Frieden, der 1648 den Dreißigjährigen Krieg beendet hat.

Dass Frieden allerdings nicht konservierbar ist, sondern immer wieder erarbeitet sein will, dem spürt das Museum mit Exponaten und Ausstellungen nach: Warum kommt es zum Krieg? Wie lassen sich Konflikte lösen? Wer profitiert von Kriegen? Weil dynamische Prozesse kaum durch das schlichte Betrachten von Dingen zu begreifen sind, legt man in dem von einem gemeinnützigen Verein getragenen Museum viel Wert auf Pädagogik. In Projekten engagieren sich Schüler, besuchten etwa Zeitzeugen des Zweiten Weltkriegs. Videoclips dieser Gespräche sind im Foyer an einem Bildschirm anzusehen. Wer sich Zeit nimmt, entdeckt viele kleine berührende Exponate. Mich hat besonders das Kriegstagebuch des mittlerweile verstorbenen Meederer Bürgers Harry Wendt beeindruckt. In einem dünnen Oktavheft hielt er stenografisch und mit Zeichnungen ergänzt Ereignisse aus seiner Wehrmachtszeit fest. *fs*

Jetzt gehe ich doch noch wandern: fünf Kilometer zur *Alexandrinenhütte* auf der 524 Meter hohen Senningshöhe. Möchten Sie mitkommen? Folgen Sie dem Wanderzeichen mit dem roten Punkt auf weißem Grund!

MEHR ÜBER DAS LEBEN UND WIRKEN VON ADAM RIES(E) ERFAHREN SIE BEI EINEM BESUCH DES STADTMUSEUMS BAD STAFFELSTEIN /// KIRCHGASSE 16 /// D-96231 BAD STAFFELSTEIN /// 00 49 / 95 73 / 33 10 30 /// WWW.BAD-STAFFELSTEIN.DE ///

TRADITIONSGASTHOF GRÜNER BAUM /// BAMBERGER STRASSE 33 /// D-96231 BAD STAFFELSTEIN /// 00 49 / 95 73 / 2 93 /// WWW.GRUENER-BAUM-BADSTAFFELSTEIN.DE ///

DAS MACHT NACH ADAM RIES(E)

Bad Staffelstein: Rechenkünstler-Stadt

22

Deutschlands bekanntester Rechenmeister wird oft als Kronzeuge hinzugezogen, wenn es um knifflige oder weniger knifflige mathematische Aufgaben geht. Ob man sich dabei auf Adam Ries oder Adam Riese beruft, hängt von der Region ab, in der man sich befindet oder aufgewachsen ist. Im Erzgebirge, wo er in Annaberg eine private Rechenschule betrieb, in der Bergverwaltung die Gewinne aus den Silbergruben zusammenzählte und 1559 starb, heißt er »Ries«. Bad Staffelstein nennt seinen vermutlich 1492 geborenen Sohn »Adam Riese« und wirbt mit dem Zusatz *Adam-Riese-Stadt*.

Wie Adam Ries zur Namenserweiterung kam, ist nicht ganz geklärt. Möglicherweise war sein erstes Rechenbuch schuld, das mit den Worten beginnt: »Rechnung auff der linihen gemacht durch Adam Riesen vonn Staffel=steyn …« Damals gab es ja noch kein einheitliches Deutsch in Wort und Schrift. Vielleicht fand auch jemand, dass »Riese« größer und bedeutender klingt als »Ries« und somit passend zur Mathematik. Auf alle Fälle begegnet man dem Rechenmeister in seiner Geburtsstadt auf Schritt und Tritt. Die Grund- und Mittelschule, die Stadthalle, eine Apotheke und ein leider geschlossener Gasthof tragen seinen Namen. In der Fußgängerzone steht eine große Bronzeplastik, am Rathaus hängt eine Gedenktafel. Auch an der Raiffeisen-Volksbank, wo vermutlich das beim Stadtbrand 1684 zerstörte Geburtshaus stand, wird an ihn erinnert. Mehr über das Leben und Wirken erfahren Sie im Stadtmuseum. Anhand der Exponate wie Rechenbrett und Rechenpfennig lässt sich leicht nachvollziehen, wie Kaufleute einst zu ihrem rechnerischen Reichtum kamen. In der Regel sollen damals Tausender-Stellen ausgereicht haben. Da Adam Ries seine Lehrbücher in verständlichem Deutsch ohne viele Fachbegriffe und nicht im damals noch üblichen Latein verfasste, erreichten sie hohe Auflagen. Doch entscheidend für Ries' Vermächtnis war die Volksmeinung: Was nach Adam Ries berechnet wurde, galt automatisch als richtig. *ps*

Im Traditionsgasthof *Grüner Baum* kann man deftige fränkische Küche wie Schäuferla oder Haxen genießen, in der original erhaltenen Gaststube oder im Biergarten.

OBERMAIN THERME /// AM KURPARK 1 /// D-96231 BAD STAFFELSTEIN ///
00 49 / 95 73 / 9 61 90 /// WWW.OBERMAINTHERME.DE ///

AN DER RICHTIGEN STELLE GEBOHRT

Bad Staffelstein: Obermain Therme

23

Der geschichtsträchtige Ort Bad Staffelstein liegt im sogenannten Gottesgarten am Obermain. Den Namen Obermain trägt auch die Therme, die Entspannungs-, Wellness- und Therapieangebote verbindet. Von der ersten Bohrung 1975 bis zur Eröffnung einer richtigen Therme nach hölzernem Provisorium vergingen elf Jahre, 1988 wurde der millionste Gast begrüßt. Doch das war himmlische Ruhe im Vergleich zu dem, was mit der politischen Wende und der anschließenden Währungsunion folgte. Regelmäßig rollten voll besetzte Busse aus Thüringen und Sachsen an und brachten ihre Fahrgäste zum Bad. Auch wir fuhren mehrmals in die für uns schönste Therme und erkundeten nach dem Relaxen die Gegend. Es dauerte nicht lange, bis die Betreiber ihre Chance erkannten und ausbauten. Seitdem wurde vieles erneuert und schick gemacht, das neue *SaunaLand* entstand. Das tropische Urmeer, das vor Jahrmillionen die Landschaft am Obermain prägte, ist im *ThermenMeer* zumindest partiell erhalten, auf 3.000 Quadratmetern der Innen- und Außenbecken inklusive Whirlpools, Solebecken sowie Naturbadesee.

Die erste Bohrung brachte in 1.600 Metern Tiefe 52 Grad warmes Wasser und eine neunprozentige Mineralisierung. 1993 wurde in 1.180 Metern Tiefe eine Sole mit zwölf Prozent Mineralisierung gefunden. Im Stadtmuseum sind die Erkundungen anhand von Modellen dargestellt. Dabei wird deutlich, dass Hartnäckigkeit und Zuversicht den Grundstein für das Thermalbad legten, denn ohne diese Eigenschaften und viele Unterstützer wäre der Bohrer wohl vorzeitig stehengeblieben. Mit ihrer Sole verfügen die Oberfranken über Bayerns stärkste und wärmste Thermalquelle. 2001 wurde aus dem Ort das staatlich anerkannte Heilbad Bad Staffelstein. Der Bürgermeister hat ernst zu nehmende Konkurrenz bekommen, denn die Bewohner des Ortes und seine Gäste huldigen einer Hoheit, die alle zwei Jahre neu gewählt wird: der Thermenkönigin, die Bad Staffelstein und die *Obermain Therme* bei offiziellen Anlässen vertritt. *ps*

Die *Schön Klinik*, die *Rehabilitationsklinik Lautergrund* und das *THERAmed Zentrum für Therapie und Gesundheit* in Bad Staffelstein kümmern sich während eines Kuraufenthaltes um Patienten.

DER STARTPUNKT DES NOTHELFERWEGES LIEGT AN DER KATHARINENKAPELLE KLOSTERLANGHEIM /// ABTEISTRASSE 9 /// D-96215 LICHTENFELS /// WWW.LICHTENFELS.DE ///

FRANZISKANERKLOSTER/BASILIKA VIERZEHNHEILIGEN /// VIERZEHNHEILIGEN 2 /// D-96231 BAD STAFFELSTEIN /// 00 49 / 95 71 / 9 50 80 /// WWW.VIERZEHNHEILIGEN.DE ///

GASTHOF GOLDENER HIRSCH UND HAUS FRANKENTHAL /// VIERZEHNHEILIGEN 9 /// D-96231 BAD STAFFELSTEIN /// 00 49 / 95 71 / 92 60 /// WWW.BILDUNGSHAEUSER-VIERZEHNHEILIGEN.DE ///

PILGERN IM FRÄNKISCHEN JURA

Bad Staffelstein: Nothelferweg nach Vierzehnheiligen

24

Beim Pilgern denke ich zuerst an Santiago de Compostela oder an Jerusalem, aber nicht an die Basilika Vierzehnheiligen bei Staffelstein, obwohl schon im 15. Jahrhundert Wallfahrten hierher nachgewiesen sind. Die Pilger suchten den Schutz der heiligen Vierzehn Nothelfer Georg, Eustachius, Achatius, Blasius, Dionysius, Erasmus, Cyriakus, Vitus (Veit), Pantaleon, Barbara, Katharina, Margareta, Christophorus und Ägidius (Egidi), denen die Basilika geweiht ist. Sie steht über dem Ort, wo ein Schäfer mehrere Visionen gehabt haben soll. Der letzten Erscheinung folgte das erste Wunder, bei dem eine Magd geheilt wurde.

Wallfahrer kommen zu Fuß, mit dem Rad oder per Bus in Vierzehnheiligen an. Manche fahren sogar mit Traktoren vor. In den Sommermonaten treffen viele Wallfahrten über die Pilgerpfade aus Sesslach und Untermerzbach ein. Über diese Wege werden auch Gruppen aus dem Eichsfeld oder der Rhön geleitet, die vier Tage und länger gehen. Ich bin wie so oft mit dem Auto unterwegs und freue mich auf den 4,6 Kilometer langen familienfreundlichen Nothelferweg. Er führt von Klosterlangheim über die Hochfläche des Jura in der Natur- und Kulturlandschaft Obermain zur Basilika. Am Weg wird der 14 Heiligen mit Metallskulpturen gedacht, die von Manuela Schaller geschaffen wurden. Sie enthalten jeweils den Namen und die Attribute der Heiligen. Bei der heiligen Katharina von Alexandrien sehe ich zum Beispiel Buch, Rad und Schwert, weil die hochgebildete Frau auf ein Rad gebunden und mit dem Schwert enthauptet wurde. Für Christophorus stehen Riese, Kind und Stamm, denn der Riese soll das Jesuskind auf den Schultern durch einen Fluss getragen haben und durfte deshalb seinen Namen um »Christ« erweitern. Etwas prunkvoller als die Metallstelen sind die figürlichen Darstellungen der Nothelfer am Gnadenaltar der Basilika oder in den Vitrinen des Informationszentrums gegenüber. Die betrachte ich mit Genuss nach der Ankunft auf dem Berg. *ps*

Packen Sie nicht zu viel Proviant ein. Das Gasthaus *Goldener Hirsch* bietet gute fränkische Hausmannskost zum fairen Preis, das *Haus Frankenthal* Gästezimmer und Tagungsräume.

THERME BAD STEBEN /// BAYERISCHES STAATSBAD BAD STEBEN ///
BADSTRASSE 31 /// D-95138 BAD STEBEN /// 00 49 / 92 88 / 96 00 ///

FÜR WASSERRATTEN UND SAUNAFREAKS

Bad Steben: »THERME« 25

Nennen Sie mich eine Wasserratte. Damit liegen Sie nicht falsch. Am liebsten schwimme ich zwar in natürlichen Gewässern. Aber die *THERME Bad Steben* in unmittelbarer Nähe der Wandelhalle mit ihren Attraktionen bietet so viel Abwechslung beim Nasswerden, dass meine Badestunden viel zu schnell vergehen. Neben den Wasserwelten der Therme gilt es, auch noch den Wellness-Dome und das Saunaland zu erforschen, drei Universen, die in einem Eintrittsticket kombiniert werden können. Am Eingang kaufe ich mir flugs noch Lesestoff für die Ruhephasen zwischendurch.

Dann geht es los. Der sonnige Tag lockt mich in den Außenbereich. Gleich mal den Strömungskanal ausprobieren! Gemächlich treibe ich an den Massagedüsen vorbei. Während die Nackendusche mein Genick massiert, sehe ich ein paar Enten über mir durch die Luft gleiten und nebenan im Teich landen. In den Strömungskanal sind Champagnerliegen integriert – das prickelt prächtig auf der Haut und lässt einen die Zeit vergessen. Weil ich zu handfester Recherchearbeit hier bin, mache ich mich alsbald auf in den Pavillon des Hörens ein paar Meter weiter. Die Idee hinter diesem Refugium: Gib dich deinen Sinnen hin. Schalte das Denken aus. Verkrieche dich unter eine Klangdusche, lass das warme Wasser über die Schultern rinnen und lausche der sanft herabrieselnden Musik. Im sieben Meter hohen Resonanzturm verliere ich mich im Widerhall eigener und fremder Klänge. Und das 34 Grad warme *Light-&-Sound-Becken* mit den Video-Animationen und der Unterwassermusik kommt mir vor wie die Pforte zu einer wundersamen Fantasy-Welt.

Von wegen Ruhepause! Ich wage mich ins Saunaland, wo die Biokräuter-Sauna mit angenehmen 55–60 Grad wartet. Zum Ausspannen wäre die Salzgrotte jetzt gerade recht, um das Immunsystem für den bevorstehenden Winter zu stärken. Aber ich bin doch noch so neugierig auf die Maulaffengrotte, die Sandloggia … Sie sehen schon: Jeder findet hier sein Eldorado! *fs*

Buchen Sie zusätzlich ein Wellness-Arrangement zur Abrundung Ihres Badeaufenthalts. Da gibt es manches Verwöhnpaket mit Massagen, Packungen und sogar einem Gläschen Sekt dazu.

DIE WANDELHALLE BEFINDET SICH WENIGE SCHRITTE VON DER THERME ENTFERNT /// BADSTRASSE 31 /// D-95138 BAD STEBEN /// 00 49 / 92 88 / 96 00 /// WWW.BAD-STEBEN.DE ///

CAFÉ UND LANDHOTEL MORDLAU /// MORDLAU 2 /// D-95138 BAD STEBEN /// 00 49 / 92 88 / 9 73 10 /// WWW.MORDLAU.DE ///

EIN GUCKLOCH ZUM MITTELMEER

Bad Steben: Wandelhalle

26

Gemächlich flaniere ich durch die historische Wandelhalle. Der Schatten tut gut, der Spätsommertag ist ungewöhnlich heiß. Vor den Arkaden strecken Palmen ihre Wedel über die Beete, in denen es vor Gelb und Pink nur so sprüht. Musik klingt vom Pavillon herüber, beinahe scheint es, als wiegten sich die runden Säulen beschwingt im Takt. Natürlich habe ich längst vom Wasser der Max-Marien-Quelle gekostet, gleich hier in der Wandelhalle. Es handelt sich um einen Calcium-Hydrogencarbonat-Säuerling, dem beste Wirkungen auf die Nieren nachgesagt werden – und ja, das Wasser schmeckt ein wenig sauer. Nippendes Konsumieren ist angesagt, möglichst im Umhergehen.

Letzteren Rat schlage ich in den Wind und lasse mich mit meinem Gesprächspartner auf einer Bank mit Blick auf den Klenzebau neben der Wandelhalle nieder. Das hellgelb und weiß strahlende Gebäude wurde im 19. Jahrhundert als Badehaus errichtet, nach Plänen von Leo von Klenze, der etwa auch der Stadt München das klassizistische Gepräge mitgegeben hat. Bad Steben, im rauen Frankenwald auf 578 Metern Höhe gelegen, wagt sich mittels seiner Architektur ins Mediterrane.

Ich möchte mich mit einem Mann unterhalten, den eine andere Besonderheit regelmäßig anlockt: Frank W. leidet an einer degenerativen Gelenkerkrankung, starke Schmerzen machen ihm zu schaffen. In Bad Steben findet er Linderung. Denn der Kurort verfügt über eine natürliche Radon-Quelle, in Mitteleuropa ausgesprochen selten. Die aus tiefen Erdschichten sprudelnde Bad Stebener Tempelquelle lindert, als Badekur angewendet, die Schmerzen von Patienten wie Frank W. Etwa vier bis sechs Monate hält der Effekt an. »Besser als Schmerztabletten!«, freut er sich. »Da machen Spaziergänge wieder Spaß!« Wir drehen gleich eine Runde um den Klenzebau. Mit Blick auf die Wandelhalle trennen wir uns. Und mit einem mulmigen Gefühl stelle ich fest, dass in dem Springbrunnenbecken vor den Arkaden doch schon ein wenig Herbstlaub schwimmt. *fs*

Am Café und Landhotel *Mordlau* zwischen Bad Steben und Carlsgrün treffen sich etliche Rad- und Wanderwege der Region, etwa Rennsteig und Frankenweg.

INFORMATIONEN ZUM KURPARK ERTEILT DIE GEMEINDEVERWALTUNG
MARKT BAD STEBEN /// HAUPTSTRASSE 2 /// D-95138 BAD STEBEN ///
00 49 / 92 88 / 7 40 /// WWW.MARKT-BADSTEBEN.DE ///

BUCHEN, LÄRCHEN, FICHTEN

Bad Steben: Kurpark

27

Im Naturpark Frankenwald stellt sich ein Kurort naturnah dar. Mondänität ist anderswo, Bad Steben punktet mit der Verbundenheit zur heimatlichen Scholle. Insofern ist auch der seit 2010 unter Denkmalschutz stehende Kurpark ein Traum in tiefem Grün. Verlassen Sie die Wandelhalle beim nördlichen Ausgang, wo der herrliche Landschaftspark seinen Anfang nimmt. Hier spitzt noch das Dach des benachbarten Kurhauses durch das Laub. Ein verschnörkelter Pavillon steht mitten auf dem Rasen, eine Bank wartet im Schatten auf Autorinnen, die sich ein paar Eindrücke notieren wollen. Weitere von Spazierwegen umschlungene Wiesen schließen sich an, vielfach stehen Liegestühle bereit, etliche sind besetzt, man döst, liest Krimis oder blinzelt einfach in den blauen Himmel. Es ist ein sonniger Tag, das Wetter beinahe zu strahlend für den rauen Frankenwald. Ein paar Amseln hüpfen umher; letzte Stadtgeräusche verklingen bald, je weiter man in die tiefgrünen Schatten schlendert.

Wer mag, darf einfach flanieren, unter bis zu 130 Jahre alten Buchen und Rotfichten, vorbei an Teichen und Sitzgruppen. Spaziergänger finden hier schnell ihren eigenen Rhythmus. Es ist still, bis auf Vogelgezwitscher und – unvermeidlich – die eine oder andere surrende Mücke, manchmal ertönt irgendwo das Klicken von Nordic-Walking-Stöcken. Die Wege durch den Park sind beschildert: Kurende, die sich schonen müssen, folgen am besten dem mit dem hellblauen Herz markierten Spazierweg, der auf einer Länge von 812 Metern und nur 18 Metern Höhenunterschied am leichtesten zu bewältigen ist. Wer gut zu Fuß ist, wählt den schwarz ausgeschilderten Wanderpfad. Er führt der Länge nach durch den kompletten Kurpark (gut 2,5 Kilometer). In der Wandelhalle gibt eine Tafel Auskunft über die Wege – Natur und Kur sind in Bad Steben zwei Seiten einer Medaille. *fs*

☞ Wer ausgedehnter wandern möchte, dem sei der geologisch-bergbaukundliche Lehrpfad empfohlen, der zu alten Stollen und Köhlereien führt. Startpunkt ist das Bad Stebener Rathaus.

SPIELBANK BAD STEBEN /// CASINOPLATZ 1 /// D-95138 BAD STEBEN ///
00 49 / 92 88 / 9 25 10 /// WWW.SPIELBANKEN-BAYERN.DE ///

TOURIST-INFORMATION BAYERISCHES STAATSBAD BAD STEBEN ///
BADSTRASSE 31 (IN DER WANDELHALLE) /// D-95138 BAD STEBEN ///
00 49 / 92 88 / 74 70 /// WWW.BAD-STEBEN.DE ///

ZAHLENSALAT MIT LEBERKÄS

Bad Steben: Spielbank

28

Vor Kurzem las ich einen Krimi, in dem ein Croupier nach einer langen Arbeitsnacht den Tod findet. Vermutlich spukt mir die blutige Szene noch im Kopf herum, als ich allen Ernstes überlege, der Spielbank in Bad Steben gar keinen Besuch abzustatten. Zusätzlich die nagenden Zweifel: Kann man in Zeiten der politischen Überkorrektheit Leserinnen und Leser zum Glücksspiel auffordern? Ich jedenfalls bin kein Spielertyp, was nichts mit dem Croupier-Krimi zu tun hat, aber das Leben ist schon Hasard genug. Und eine Person, die mit Zahlen auf Kriegsfuß steht, hat erst recht keinen Bezug zum Roulettetisch.

Sie ahnen es, natürlich habe ich an einem Dienstag im Spätsommer die Spielbank besucht. Denn immerhin von außen muss man sie einmal betrachtet haben: Auf der grünen Wiese am Stebenbach gelegen, umgeben von ein paar Häusern und Höfen, dazu Birken und sanfte Hügel, vermittelt sie auf den ersten Blick wenig Las-Vegas-Gefühl. Eigentlich stellt sie eher den idealen Platz für ein Picknick dar. Supermarkt und Bäckerei gegenüber haben die entsprechende Stärkung im Angebot, in Form eines Leberkäsbrötchens, das mit einer kalten Cola und den Füßen im Stebenbach genossen die Lebensgeister wieder weckt, sodass ich die Architektur auf mich wirken lassen kann: Viel Glas spiegelt Einsicht vor, reflektiert jedoch vorwiegend das satte Grün der Natur. Die wellenförmige Dachverkleidung soll die Wankelmütigkeit des Glücks versinnbildlichen, um das man hier spielt. Dienstags um 19.30 Uhr gibt es eine kostenlose Spieleerklärung für Neulinge und solche, die mit Zahlen nicht können. Der Einsatz beim *American Roulette*, so erfahre ich, liegt zwischen einem und 6.000 Euro, beim *Blackjack* zwischen fünf und 250 Euro. Nach kurzer Überlegung verzichte ich auf das Wagnis. Und dann hoffe ich für den netten Croupier, dass er heute nach der Arbeit gut nach Hause kommt. *fs*

☞ Wer sportlich unterwegs sein will, kann sich bei der Tourist-Info in der Wandelhalle ein E-Bike ausleihen – ein zusätzlicher Antrieb ist in der bergigen Landschaft nicht zu verachten.

DIE »ZWÖLF APOSTEL« LIEGEN AM SÜDWESTHANG VON LANGENBACH, ZU ERREICHEN ÜBER DEN »12-APOSTEL-WANDERWEG« AB DÜRRENWAIDER STRASSE /// D-95179 GEROLDSGRÜN-LANGENBACH /// WWW.GEROLDSGRUEN.DE ///

FABER-CASTELL SHOP AM WERK /// FABER-CASTELL-STRASSE 15 /// D-95179 GEROLDSGRÜN /// 00 49 / 92 88 / 9 57 22 11 /// WWW.FABER-CASTELL.DE ///

OBELIX WAR DOCH IN OBERFRANKEN

Ausflug: Die »zwölf Apostel« von Langenbach 29

Sie kennen den beleibten Gallier mit der blau-weiß gestreiften Hose, der als Kind in den Zaubertrank gefallen ist? Ich bin sicher, er war in Oberfranken. Genau auf dem Berghang im Westen des Örtchens Langenbach, vier Kilometer von Bad Steben entfernt. Denn wie sonst kämen die zwölf Hinkelsteine an diesen Ort?

Es ist ein heißer Tag. Wir parken in der Hauptstraße in Langenbach und folgen dem gut ausgeschilderten *12-Apostel-Weg*, genießen den Wind beim Aufstieg aus dem Ortskern. Obwohl schon später Juli ist, steht das Getreide noch auf den Feldern. Ein paar Schwalben kommen neugierig näher. Der Aufstieg ist recht steil, in der Ferne dreht sich ein Windkraftrad. Schon öffnet sich der Blick über die Berge des Frankenwaldes. Mit jedem Schritt weitet sich die Welt. Es duftet nach wildem Thymian. Der wächst gleich am Wegesrand, flach ducken sich die Pflänzchen an den Rain, klar, es ist immer windig hier oben. Und ganz plötzlich erstreckt sich links von uns eine Steinreihe: Zwölf aufrecht abgestellte Felsen aus Diabas bilden eine beinahe exakte Nord-Süd-Linie. Sie sind nicht allzu hoch, der größte misst 1,05 Meter, unser kraftstrotzender Gallier hätte sie leicht gestemmt. Die Anordnung dieser Steine gibt Rätsel auf. Manche Heimatforscher meinen, es könnte sich um ein steinzeitliches astronomisches Observatorium handeln, sogar der Begriff »Fränkisches Stonehenge« fällt ab und zu. Andere mutmaßen, die Felsen seien jüngeren Datums und stellten eine mittelalterliche (oder gar jüngere) Weidebegrenzung dar. Eine Infotafel gibt Auskunft über ein paar Details.

Unabhängig von ihrem Alter und ihrem Zweck – sie stehen schon sehr lässig da, zwischen Weizenfeldern und Gebüsch, irgendwo trällert eine Feldlerche. Der Wind pfeift durchs Gras. Mit dem Rücken an einen der »Apostel« gelehnt sitzt es sich sehr bequem. Und sehr einsam, mit Wind um die und Kräuterduft in der Nase. *fs*

☞ Im nahen Geroldsgrün befindet sich ein künstlerisch-bunt gestaltetes Werk von *Faber-Castell* mit Werksladen, der Schreibgeräte für Groß und Klein sowie Künstlerbedarf anbietet.

NÄHERE INFORMATIONEN ZU BAD ALEXANDERSBAD ERTEILT DER GÄSTESERVICE /// MARKGRAFENSTRASSE 28 (IM ALEXBAD) /// D-95680 BAD ALEXANDERSBAD /// 00 49 / 92 32 / 9 92 50 /// WWW.BADALEXANDERSBAD.DE ///

DAS LOGIERHAUS PENSION UND CAFÉ /// MARKGRAFENSTRASSE 3 /// D-95680 BAD ALEXANDERSBAD /// 00 49 / 92 32 / 1 83 93 22 /// WWW.DAS-LOGIERHAUS.DE ///

WEG MIT DEM FITNESS-TRACKER

Bad Alexandersbad: Zentrum

30

Ihre Wellness-App erinnert Sie an Ihr tägliches Work-out? Sie errechnen Ihren Kalorienverbrauch mit dem Activity-Armband, kalkulieren eng getaktet den Weg zum optimalen Trainingsbody? Nicht, dass ich mich einmischen möchte, jedoch – sich von der Natur einfach beschenken zu lassen, ohne gleich alle Werte nachzurechnen, hat seine Vorteile. Für die Abkehr vom »Power Healing« ist Bayerns kleinstes Heilbad, das sich unscheinbar zwischen die grünen Hänge des Fichtelgebirges kuschelt, bestimmt der ultimative Ort. Hier oben kann der Kurgast abschalten, sein lassen, nach und nach einen gesunden Lebensstil für sich entdecken.

Im Zentrum des Kurorts liegt das Markgräfliche Schloss – kein Stammhaus der Noblesse, sondern ein im 18. Jahrhundert erbautes Hotel, in dem heute die Gemeindeverwaltung ihren Sitz hat. Auf den bunt bepflanzten Terrassen davor plätschern Brunnen, ansonsten herrscht tiefe Stille allenthalben. Gegenüber befindet sich das Alexbad, ein moderner, 2017 eingeweihter Kurbau für traditionelle Anwendungen wie Moorpackungen, Sauna oder Massage. Zusätzlich punktet Bad Alexandersbad mit dem *Individuellen Gesundheits-Management* (IGM), einer Methode, die dem Gast ein maßgeschneidertes Programm aus Komponenten wie Gewichtsreduktion, Yoga oder Coaching zusammenstellt, nach dem er sich auch im Alltag zu Hause richten kann. Mindestens ebenso der Erholung förderlich ist die raue Natur des Fichtelgebirges. Kommen Sie doch mit auf die Wanderwege in der Umgebung! Im Demutstal am Bach finden Sie Raum und Ruhe zum Durchatmen. Und der Wenderner Stein, ein 500 Millionen Jahre alter Phyllitfelsen, lässt den täglichen Trott verblassen.

Das Fichtelgebirge ist übrigens bekannt für seine mehr als 1.000 Wildkräuter, die von zertifizierten Köchen, Bäckern, Metzgern und Destillateuren in gesunde Produkte umgemünzt werden. Der Verein *Essbares Fichtelgebirge* pflegt diesen kulinarischen Schatz und gibt Tipps zu Restaurants und Rezepten. *fs*

Wandern, Nordic Walking und Langlauf machen doppelt hungrig. Hausgemachte Kuchen und Torten im Café *Logierhaus* schaffen Abhilfe. In den Ferienwohnungen können Sie tatsächlich logieren!

DIE LUISENQUELLE ERREICHEN SIE IN WENIGEN GEHMINUTEN VOM HAUS DES GASTES /// AM KURPARK 3 /// D-95680 BAD ALEXANDERSBAD /// 00 49 / 92 32 / 9 92 50 /// WWW.BADALEXANDERSBAD.DE ///

LUISENBURG-FESTSPIELE WUNSIEDEL /// JEAN-PAUL-STRASSE 5 /// D-95632 WUNSIEDEL /// 00 49 / 92 32 / 60 21 62 /// WWW.LUISENBURG-AKTUELL.DE ///

PRICKELNDES CHAMPAGNERVERGNÜGEN

Bad Alexandersbad: Luisenquelle

31

Seit mehr als 280 Jahren sprudelt die Luisenquelle. Ihre Entdeckung 1734 geschah rein zufällig, ihre Heilkraft überzeugte zunächst den Sichenreuther Bauern Wolfgang Brodmerkel, der innerhalb eines Jahres mit einer Trinkkur nach den Regeln aus Karlsbad sein schweres Gichtleiden kurierte. Das sprach sich herum. Zum Glück ist die Berühmtheit des prickelnden Wassers dem Kurbad nicht zu Kopf gestiegen – der Monopteros mit dem Trinkbrunnen liegt beschaulich am östlichen Ende des Kurparks, nur zwei Gehminuten vom Haus des Gastes entfernt, wo man auch parken kann. Halt, warum nicht den kurzen Spaziergang mit einer kurzen Anwendung im naturbelassenen Kneippbecken auf halbem Weg verlängern? Sie haben ja Zeit! Die kleine Anlage belebt mit ihren grünen Farnen und gelb blühenden Ochsenaugen auch das Auge.

Nun aber auf zum Trinkbrunnen. Unter den milden Blicken von Markgraf Alexander und Königin Luise von Preußen zapft der Gast sein Heilwasser. (Der Markgraf brachte ab 1781 die Entwicklung von Bad Alexandersbad – daher der Name! – auch baulich mit der Errichtung des Markgräflichen Schlosses voran. Königin Luise weilte mit Ehemann Friedrich Wilhelm III. 1805 drei Wochen im Kurort.) Das Wasser prickelt von selbst, ohne Zusätze. Zuerst schnuppere ich ein wenig am Becher, mache mich mit dem metallischen Geruch vertraut, ignoriere den Anflug des Faule-Eier-Aromas. Tatsache, es bitzelt wie Champagner auf der Zunge. Ich setze mich auf die Bank neben Luise, beobachte zwei Wanderer, die wohl gerade auf dem Rundweg Nummer sieben unterwegs sind, denn sie unterhalten sich über Bisons, die es auf selbigem zu bestaunen gibt. Einer ruft mir zu: »Mit einem Spritzer Zitronensaft und einem Zweig Minze schmeckt's doppelt so gut.« Ich verspreche, diese Variante auszuprobieren. Die Luisenquelle ist als Trinkkur bei Magen-, Darm-, Nieren- und Harnwegs-Erkrankungen angezeigt. Als Badekur hilft sie bei Durchblutungsstörungen und Herzinsuffizienz. *fs*

☞ In unmittelbarer Nähe von Bad Alexandersbad finden im größten Felsenlabyrinth Europas, zugleich die älteste Freilichtbühne Deutschlands, im Juli und August die namhaften Luisenburg-Festspiele statt.

WALDBAD BAD ALEXANDERSBAD /// BADEWEIHERWEG ///
D-95680 BAD ALEXANDERSBAD /// 00 49 / 92 32 / 8 81 94 43 ///

GASTWIRTSCHAFT BAD-IASL /// BIRKLEINWEG 14 ///
D-95680 BAD ALEXANDERSBAD /// 00 49 / 92 32 / 9 15 32 77 ///

SILBERNES LICHT AUF GRÜNEN WELLEN

Bad Alexandersbad: Waldbad

32

Einheimische empfehlen den Fußweg von der Gastwirtschaft *Bad-Iasl* aus zum Waldbad, das sich im Nordosten von Bad Alexandersbad befindet. Aber keine Bange, der Ort ist so kompakt, dass man alles Wichtige flott zu Fuß und blitzschnell mit dem Rad erreicht. Der Pfad, der kurz an Gärten entlang und dann durch den Wald führt, lässt sich in wenigen Minuten zu Fuß leicht bewältigen. Würzige Fichtenluft erfrischt, bald schon glitzert das Wasser des kleinen Sees zwischen den Bäumen. Wenden Sie sich nach rechts, dort sehen Sie den Eingang. Der Eintritt ist frei – das ist wahre Gastfreundschaft und wahrscheinlich nur in Bad Alexandersbad möglich.

In der circa 1,5 Hektar großen Anlage gibt es alles, was das Herz von Sonnenanbetern und Wasserratten begehrt: Liegewiese, Volleyballfeld, Kinderspielplatz, ein kleines Café, Stege mit Einstiegsleitern und sogar eine kleine hölzerne Schwimminsel in der Mitte. See und Ufer sind naturbelassen und wunderschön gepflegt, ein Förderkreis kümmert sich um Modernisierung und Erhaltung. Genau das richtige Gegenprogramm zu überfüllten Stränden wie überkandidelten Spaßbädern! Besonders apart: An der Westseite führt ein acht Meter langer Steg zu einem winzigen Inselchen, auf dem man auch im Herbst und Frühling gemütlich sitzen und auf den See schauen kann; eine Bank steht bereit. Autorinnen kommen hier bisweilen auf neue Ideen.

Zugegeben, wer in einem echten Fichtelgebirgsgewässer baden will, braucht schon ein wenig Abhärtung; Luft und Wasser sind hier definitiv kühler als im Flachland. Doch mal ehrlich: Frostbeulen hat sich noch niemand geholt! Deshalb darf es auch gleich noch ein Eis vom Kiosk sein. Mit dem Geschmack kommt die Erinnerung an die Zeit, als ein Eis am Stiel den Himmel auf Erden bedeutete! Also, nichts wie rein in das grüne Nass! Geöffnet ist im Sommerhalbjahr täglich bei schönem Wetter. *fs*

Schwimmen macht hungrig, Abhilfe schafft die fränkisch-bayerische Küche der Gastwirtschaft *Bad-Iasl.* Die Tipps für Ausflüge in der Umgebung sind gratis.

WEITERE INFORMATIONEN ZUR SOLEWELT ERTEILT DIE TOURIST-INFORMATION BAD SALZUNGEN IM MUSEUM AM GRADIERWERK /// AM FLÖSSRASEN 1 /// D-36433 BAD SALZUNGEN /// 00 49 / 36 95 / 69 34 20 /// WWW.SOLEWELT.DE ///

ERLEBNIS BERGWERK MERKERS /// ZUFAHRTSTRASSE /// D-36460 KRAYENBERGGEMEINDE-MERKERS /// 00 49 / 36 95 / 61 41 01 (TICKETBESTELLUNG) /// WWW.ERLEBNISBERGWERK.DE ///

DER KLAPPERSTORCH LIEBT SALZLUFT

Bad Salzungen: Solewelt

33

Als ich aus dem Auto steige, fällt mir zuerst das Storchennest auf dem Förderturm auf. Und der Storch, oder besser Frau Störchin, die gerade beim Hausputz ist und den Dreck aus dem Nest wippt. Die Störche sind für Salzunger das Stadtgesprächsthema. Man fragt nicht zuerst nach den Kindern, sondern: Was machen die Störche? Vor allem wenn einmal keine Zeit war, um einen Blick auf die Live-Bilder im Internet zu werfen. Das erfahre ich in der Touristinformation im Museum am Gradierwerk.

In Bad Salzungen steht alles im Zeichen des Salzes. Sie brauchen nur spazieren zu gehen, um etwas für Ihre Entspannung und gegen Atemwegserkrankungen zu tun. Die salzhaltige Luft im Gradierwerk überzieht die Schleimhaut mit einem Solefilm. Das dadurch ausgelöste Abschwellen lindert Beschwerden. Bei einer Führung durch das Gradierwerk erfahre ich Details zu Geschichte, Salzgehalt und -gewinnung, verwendeten Materialien und zu den Plänen für die Sanierung. 1824 wurde die 27-prozentige Sole bei einer Tiefenbohrung entdeckt. Bis 1952 wurde hier Salz gewonnen. Dafür lief die Sole über die Zweige der Gradieranlagen. Die Erkenntnis, dass die Arbeiter im Gradierwerk kaum erkältet waren, führte zu Gesundheitsangeboten in Therapie und Prophylaxe. Kureinrichtungen für spezielle Atemtherapien beherbergt das Hennebergische Fachwerkhaus mit Laubengang zwischen den Gradierwänden. Zur Solewelt gehören das Aktivbad, ein Saunaland und das Sole Atemzentrum mit dem Gradierwerk. Im Gradiergarten stehen der Musikpavillon und die Trinkhalle, wo standesamtlich geheiratet werden kann. Alles über den Weg vom Landstädtchen zum Badeort und wer dort wann mit wem gekurt hat, ist im Museum am Gradierwerk zu erfahren, denn vor 100 Jahren wurde noch veröffentlicht, wenn Frau Geheimrätin nebst Tochter und Dienstpersonal im Bad weilte. Im Museumsgarten kann man einen Blick in den Bohrturm für die Salzsole werfen oder mit etwas Glück ein Schausieden erleben. *ps*

Mehr über die Salzgewinnung erfahren Sie im zehn Kilometer entfernten *Erlebnis Bergwerk Merkers*. Im hallenartigen Großbunker 800 Meter unter der Erde steht der größte untertägige Schaufelradbagger.

MIT HENNEBERGISCHEM FACHWERK GLÄNZT CHARLOTTENHALL /// REHABILITATIONS- UND VORSORGEKLINIK FÜR KINDER UND JUGENDLICHE /// MATHILDE-WURM-STRASSE 7 /// D-36433 BAD SALZUNGEN /// 00 49 / 36 95 / 6 92 30 /// WWW.CHARLOTTENHALL.COM ///

DIE ERLEBNISINSEL FLÖSSRASEN LIEGT AM REISEMOBILHAFEN /// AM FLÖSSRASEN /// D-36433 BAD SALZUNGEN /// WWW.SOLE-REISEMOBILHAFEN.DE ///

WO FISCHE AUF EICHHÖRNCHEN TREFFEN

Bad Salzungen:
Hennebergisches Fachwerkhaus Charlottenhall 34

Bad Salzungen liegt zwischen Werra, Thüringer Wald und Rhön. Dass der Ort einst zum Herrschaftsbereich des Henneberger Adelsgeschlechts gehörte, erfahre ich in der Touristinformation, wo eine Mitarbeiterin vom Henneberger Fachwerk schwärmt und mich zum Kindersanatorium *Charlottenhall* schickt. Es liegt am Weg zwischen Solezentrum und Altstadt, nicht weit vom Bahnhof entfernt. Das Gelände ist frei zugänglich. Ins Stammhaus der modernen Rehabilitations- und Vorsorgeklinik für Kinder und Jugendliche mit verschiedenen Indikationen kann man zumindest einen neugierigen Blick werfen. Die Therapieräume sind den Patienten vorbehalten.

Die Grafschaft Henneberg herrschte in Gebieten der heutigen Bundesländer Thüringen und Bayern, stellte Bischöfe von Würzburg und Speyer oder Fürstäbte von Fulda und ist mit Teilen von Hessen und Baden-Württemberg kulturhistorisch verbunden. Ich kannte bis dato nur Henneberg-Porzellan, vom Fachwerk wusste ich nichts. Seit ich jedoch die aufwendige neoklassizistische Fassade betrachten konnte, sind mir weitere Beispiele dieser Bauart aufgefallen, deren Betrachtung sich lohnt. Herzogin Charlotte von Sachsen-Meiningen ließ das Gebäude mit Mitteln einer Lotteriegesellschaft als Heilstätte für arme lungenkranke Kinder errichten. 1887 wurde die Einrichtung für diese Klientel eröffnet. Die kleinen Patienten freuten sich bestimmt über die kleinen Balkone, Giebel und Erker sowie über die vielen Verzierungen mit Fischen, Eichhörnchen, Hasen, Muscheln oder floralen Motiven.

Merkmal dieses speziellen Fachwerkstils ist ein einheitliches Konstruktions- und Gestaltungsprinzip, das von Wohnhäusern auch auf Kirchen, Schlösser oder andere Prestigeobjekte übertragen wurde. Die Hennebergischen Häuser erkennt man oft an geschwungenen und verzierten Andreaskreuzen. Die aus dem Stamm herausgearbeiteten Holzteile wurden mit Holznägeln verbunden. *ps*

Der Reisemobilhafen liegt im Freizeit- und Naturpark *Flößrasen* in der Werraaue. Mit der Seilzug-Fähre gelangt man über einen Werraarm auf die Piraten-Erlebnis-Insel mit Spielschiff und Spielgolf.

BURGSEE /// AM SEE /// D-36433 BAD SALZUNGEN ///

HAUNSCHER HOF /// UNTER DEN LINDEN 4 ///
D-36433 BAD SALZUNGEN /// 00 49 / 36 95 / 6 21 06 60
(RESTAURANT) /// 00 49 / 36 95 / 85 28 40 (KULTURVEREIN) ///
WWW.KULTURVEREIN-BADSALZUNGEN.DE ///

KAHNSTATION AM BURGSEE /// D-36433 BAD SALZUNGEN ///
00 49 / 36 95 / 87 02 52 ///

ROMANTISCHE STUNDEN MIT SEEBLICK

Bad Salzungen: Burgsee

35

Die Sonne scheint auf den Burgsee, dessen idyllische Uferpromenade mich zum gut einen Kilometer langen Spaziergang einlädt. Straßennamen wie Seepforte, Zum Seeberg oder Seesrain würdigen das Gewässer und seinen Wert für den Erholungsort. Der Wasserspiegel des von salzhaltigen Quellen und Niederschlag gespeisten Sees liegt fünf Meter über der Altstadt und stellt damit eine besondere Herausforderung in Sachen Wasserstandsregulierung dar. Ich passiere das Kurhaus am früheren Standort einer Zuckerfabrik, die wegen der billigen Rübenwäsche im See hier stand und, nachdem sie mangels fruchtbarer Ackerflächen pleiteging, vom schnöden Fabrikgebäude zum schmucken Kurhotel umgebaut wurde. Als das Haus gewachsenen Ansprüchen an den Aufenthalt nicht mehr genügte, wich es dem 1939 eingeweihten Neubau, der heute als Vier-Sterne-Hotel Komfort und Gastlichkeit mit Wellness- und Wohlfühlangeboten verbindet.

Auf dem weiteren Weg spaziere ich am Planetarium mit Carl-Zeiss-Technik vorbei. Am Bootsverleih könnte ich ein Tret- oder Ruderboot mieten und Burgseekapitän auf Zeit werden, doch ich gehe weiter. Nachdem ich die Reste der mittelalterlichen Schnepfenburg, der Namensgeberin des Burgsees, hinter mir gelassen habe, gelange ich an eine Metalltreppe. Ein Gitter ist mit unzähligen Schlössern geschmückt. Ich stelle mir vor, wie sich Verliebte im Angesicht der untergehenden Sonne ewige Treue schwören und den Treueschwur zuerst mit einem romantischen Menü und später mit dem Ringtausch im *Haunschen Hof* besiegeln. Restaurant, Café und Standesamt sind im Gebäude vereint. Vom oberen Podest der Metalltreppe werfe ich noch einen Blick auf die wuchtigen Steinmauern der einstigen Burganlage und den Burgberg, der schon in frühgeschichtlicher Zeit durch Kelten besiedelt wurde. Dann gehe auch ich zum *Haunschen Hof* und nehme auf der Terrasse Platz. Nächstes Mal werde ich eine Veranstaltung des im Keller beheimateten Kulturvereins besuchen. *ps*

☞ Unternehmen Sie einen Spaziergang an einem lauen Sommerabend. An einer Mitmachstation direkt am See können Sie die Fledermausgeräusche mittels Detektor in hörbare Laute umwandeln.

INFORMATIONEN ZUR WARTBURG ERTEILT DIE WARTBURG-STIFTUNG ///
AUF DER WARTBURG 1 /// D-99817 EISENACH ///
00 49 / 36 91 / 25 00 /// WWW.WARTBURG.DE ///

DIE ESELSTATION BEFINDET SICH BEIM PARKPLATZ UNTERHALB
DER WARTBURG, NÄHERE HINWEISE ERHALTEN SIE UNTER
00 49 / 36 91 / 21 04 04 ODER 00 49 / 36 91 / 25 02 46 ///

EINE BURG VOLLER LEGENDEN

Ausflug: Wartburg bei Eisenach

36

Hat er oder hat er nicht? Das ist die alles entscheidende Frage. Wenn er nicht hat, wo kam dann der Tintenfleck an der Wand her, den viele Besucher gesehen haben wollen? Und wenn er tatsächlich da ist, handelt es sich dann noch um das Original? Sie ahnen es bestimmt schon: Martin Luther soll in seinem Studierzimmer auf der Wartburg im Winter 1521/22 ein Tintenfass nach dem erschienenen Teufel geworfen haben. Der Reformator versteckte sich damals unter dem Decknamen Junker Jörg auf der Wartburg und übersetzte das Neue Testament ins Deutsche. Bei einer Führung erfahre ich, dass der Tintenklecks Dichtung ist. Luther will den Teufel mit Tinte vertrieben haben, allerdings so, wie Krimiautoren mit Worten morden. Stattdessen sehe ich neben dem grünen Kachelofen, wo das Corpus Delicti auf die Wand getroffen sein soll, nichts als Unebenheiten im Putz. Selbst der Überfall auf Luthers Pferdekutsche, nach dem er auf die Wartburg gebracht wurde, war inszeniert. Warum also nicht auch die Tinten-Legende, die durch vielfaches Übermalen am Leben gehalten wurde!

Interessanter erscheint mir eine Geschichte über die heilige Elisabeth von Thüringen, deren 800. Geburtstag im Elisabethjahr 2007 mit vielfältigen Aktivitäten gefeiert wurde. Wegen ihres Hangs zur Nächstenliebe nannte man die ungarische Königstochter und Gemahlin des thüringischen Landgrafen Ludwig IV. Mutter der Armen. Der Legende nach brachte sie wieder einmal Lebensmittel aus dem fürstlichen Vorrat zu den Bedürftigen im Ort, was bei den Burgherrschaften als Verschwendung angesehen wurde. Als ihr Gatte sie nach dem Inhalt des Korbes fragte, antwortete sie: »Rosen, mein Herr.« Und diese duftenden Blumen fand der misstrauische Gatte statt der Brote im Korb. Die dritte Legende erzählt vom Sängerkrieg auf der Wartburg, dem Richard Wagner mit der Oper *Tannhäuser* ein Denkmal gesetzt hat. Heute ist die weit über das Land sichtbare Wartburg Thüringens Wahrzeichen. *ps*

Erkunden Sie das Museum nach der Führung durch den Palas. Gönnen Sie sich dabei einen Blick über das weite Land aus den oberen Etagen. Kinder können vom Parkplatz aus mit dem Esel zur Burg reiten.

JAPANISCHER GARTEN /// GRABENWEG 5 /// D-99947 BAD LANGENSALZA ///

WEITERE INFORMATIONEN ERHALTEN SIE BEI DER TOURISTINFORMATION BAD LANGENSALZA /// BEI DER MARKTKIRCHE 11 /// D-99947 BAD LANGENSALZA /// 00 49 / 36 03 / 83 44 24 /// WWW.BADLANGENSALZA.DE ///

DIE ENTSPANNUNGSOASE IM JAPANISCHEN STIL

Bad Langensalza: Japanischer Garten

37

Bad Langensalza nennt sich Kur- und Rosenstadt. 2011 erhielt der Ort den Titel »Blühendste Stadt Europas«. Für Grün und Blumen sorgen die zehn Parks und Themengärten wie der Kurpark an der Promenade, der Rosengarten mit fast 450 Rosenarten, der Apothekergarten mit Kräutern oder das Arboretum mit Blütenteppichen. Mein Lieblingsplatz ist der Japanische Garten mit seinen Steinen, Figuren, besonderen Pflanzen, Wasserfällen, der Teichlandschaft und den Pavillons. Als *Kofuko no Niwa* – Garten der Glückseligkeit – wurde er 2003 von der Gartenarchitektin Silke Hasskerl-Schilling geplant und erfreut sich seitdem regen Zuspruchs.

Drei große Feste werden jedes Jahr im Park gefeiert: das Kirschblütenfest *Hanami*, das Kinderfest *Kodomo No Hi* und das Sternenfest *Tanabata*. Wer die Stille liebt, sollte die Feste und Veranstaltungen mit ihren großen Menschenansammlungen lieber meiden, denn sie ziehen viele Besucher an. Zwei Teemeister der *Ueda Sôko Schule Hiroshima* zelebrieren mehrmals im Jahr Teezeremonien mit 400-jähriger Tradition. Ich lasse mir meinen Tee stil-, jedoch nicht ganz so anspruchsvoll im Pavillon des Teetrinkens servieren, der von März bis Oktober geöffnet ist. Auf dem Weg dorthin passiere ich mehrere botanische Kostbarkeiten. Beeindruckt stehe ich auf der kleinen Holzbrücke des Seerosenteiches und beobachte die farbenfrohen Kois mit ihren eleganten Bewegungen. Unweit des Parkeingangs erinnert der *Platz der heiligen Bäume* an Kultstätten in Japan. Von dort führt eine Zickzackbrücke über den Teich, die als eine Art Irrweg gestaltet ist. Dieses Element fernöstlicher Gärten soll ungebetenen Geistern den Zugang in das Areal versperren. Mich schreckt es nicht!

Der Pflanzenpavillon ist Veranstaltungsort für Konzerte oder Lesungen. Es werden Kurse wie Yoga, Shiatsu, Tai-Chi oder Klangreisen angeboten. Egal ob Frühling, Sommer oder Herbst – der Garten hat zu jeder Jahreszeit seinen Reiz. Im Winter ruht der Betrieb. *ps*

Mit der Thüringen Card erhalten Sie viele Ermäßigungen oder freien Eintritt, auch in Parks oder die *Friederiken Therme Bad Langensalza.* Informationen gibt es unter www.thueringen.entdecken.de

ZUM NATURSTEINGARTEN TRACO-PARK GELANGEN SIE ÜBER DIE WERKSZUFAHRT. PARKEN KÖNNEN SIE AUF DEM BESUCHERPARKPLATZ.

TRACO DEUTSCHE TRAVERTIN WERKE /// POSTSTRASSE 17 /// D-99947 BAD LANGENSALZA /// 00 49 / 36 03 / 85 21 40 /// WWW.TRACO.DE ///

MARKTKIRCHE ST. BONIFACIUS /// BONIFACIUSGASSE 2 /// D-99947 BAD LANGENSALZA /// KONTAKT ÜBER DAS PFARRAMT /// 00 49 / 36 03 / 84 64 02 ///

IM GARTEN DES TRAVERTINS

Bad Langensalza: Natursteingarten TRACO-Park

38

Manche Unternehmen haben Schauwerkstätten, andere Museen. Die *TRACO Deutsche Travertin Werke* in Bad Langensalza, einer der letzten traditionsreichen Natursteinhersteller Deutschlands, laden in den TRACO-Park ein – einen Ausstellungsgarten, der das vielfältige Garten- und Parkangebot des Kurortes vervollkommnet.

Bei TRACO erleben die Natursteine eine Renaissance, denn das Unternehmen hat sich auf die Wiederentdeckung und Verarbeitung von Materialien wie Dolomit, Travertin, Muschelkalk oder Kalk- und Sandstein aus klassischen Thüringer Steinbrüchen spezialisiert. Wiederentdeckung deshalb, weil Könige die Steine verbauten, Luther sie kannte, Goethe sie liebte und Bauhaus-Architekten wie Mies van der Rohe sie schätzten. Sanssouci in Potsdam, die Wartburg bei Eisenach, Goethes Gartenhaus in Weimar, Schinkels Lustgarten in der Hauptstadt Berlin, moderne Zweckbauten für Unternehmen oder das Bundespresseamt sind nur einige Orte der Verwendung. Ganz so opulent muten die Beispiele für Garten- und Landschaftsgestaltung im TRACO-Park nicht an, doch sie geben einen Einblick in Verwendungsmöglichkeiten des Steins für Wege, Treppen, Mauern, Wasserkunst und Sitzmöbel. Der künstlerischen Vielfalt sind keine Grenzen gesetzt und nicht alles muss man gleichermaßen toll finden. Manche Objekte benötigen größere Flächen und sind mehr für öffentliche Räume als für den Schrebergarten geeignet. Einiges ist richtig schick, anderes sieht zufällig entstanden aus. Der Park ist nicht riesig und eigentlich hat man ihn schnell erschlossen, wenn man nicht wie ich die Steinbänke in all ihren Varianten ausprobieren und die verschiedenen Treppen oder Wege gleich mehrmals entlanglaufen muss. Auch die Wasserspiele und Brunnen haben mich fasziniert. Und genau dafür ist der Ausstellungsgarten gemacht. Die TRACO Manufactur mit Ausstellungshalle für die Innenraumgestaltung befindet sich in der restaurierten Fabrik. *ps*

Die Marktkirche St. Bonifacius in Bad Langensalza wurde aus Quadern des heimischen Travertins gebaut und 1592 fertiggestellt. Der 72,5 Meter hohe Turm ist der zweitgrößte Thüringens.

BEGINNEN SIE IHRE TOUR DURCH DEN HAINICH AM FORSTHAUS THIEMSBURG /// THIEMSBURG 1 /// D-99947 SCHÖNSTEDT-ALTERSTEDT /// 00 49 / 36 03 / 89 56 90 /// WWW.FORSTHAUS-THIEMSBURG.DE ///

WEITERE INFORMATIONEN ERTEILT DIE NATIONALPARK-VERWALTUNG /// BEI DER MARKTKIRCHE 9 /// D-99947 BAD LANGENSALZA /// 00 49 / 3 61 / 5 73 91 40 00 /// WWW.NATIONALPARK-HAINICH.DE ///

EIN URWALD MITTEN IN THÜRINGEN

Ausflug: Hainich

39

Wenn Sie die Angebote der *Friederiken Therme* ausgiebig genossen, mit Ihren Kindern die Kindererlebniswelt *Rumpelburg* erkundet und die vielfältigen Parks und Gärten kennengelernt haben, dann ist Zeit für einen Ausflug in den Hainich. Das mit 160 Quadratkilometern größte zusammenhängende Laubwaldgebiet Deutschlands liegt direkt vor den Toren von Bad Langensalza. Es bietet verschiedene Anlaufpunkte wie den Baumkronenpfad, Ausstellungen, Infozentren oder das Wildkatzendorf Hütscheroda. Lust auf Wanderungen und Radtouren machen Bummelkuppenweg, Urwaldpfad, Germanischer Kultpfad, Märchennaturpfad Feensteig, Wildkatzenschleichpfad oder Erlebnispfad Silberborn.

Hainich-Einsteiger fahren am besten zum Nationalparkzentrum Thiemsburg. Hier gibt es alle Informationen, die man zur Erkundung des Hainichs braucht. Die Ausstellung im Haus informiert über die Naturschätze in Wort, Bild und Interaktion. In der Wurzelhöhle könnte ich glatt wieder Kind werden und die Unterwelt des Waldes auf allen vieren erkunden. Der Weg von herabfallenden Blättern zum nährstoffreichen Humusboden ist nachvollziehbar gestaltet. Das Forsthaus Thiemsburg gleich gegenüber wartet mit einer Herberge und einer Gaststätte auf. Ich stärke mich, um dann den vier Kilometer langen Familienwanderweg Naturpfad Thiemsburg mit dem Eichenblatt als Symbol zu absolvieren. Wer mag, kann auch eine anspruchsvollere Route wählen. Die Möglichkeiten sind schier unendlich. Im Nationalparkzentrum werden die Tickets für den nahe gelegenen Baumkronenpfad der Stadt Langensalza verkauft. Ich kann mich an den Baumwipfeln kaum sattsehen. Unten ganz still stehende Bäume pendeln oben hin und her, obwohl kein Lüftchen zu wehen scheint. Man befindet sich mit dem Urwald des Hainich auf Augenhöhe. Der barrierearme Weg zwischen den Baumwipfeln ist auch für Personen mit leichter Höhenangst wie mich geeignet. Außer dem Aussichtsturm ist für Rollstuhlfahrer alles erreichbar. *ps*

Wenn Sie nicht ganz sicher sind, ob der Pfad geöffnet ist: Mitarbeiter der Touristinformation Bad Langensalza geben Auskunft zu Schließungen – vor allem wetterbedingt und vor Veranstaltungen.

STARTPUNKT DES RUNDWEGS ZUM OPFERMOOR NIEDERDORLA IST DIE AUSSTELLUNG OPFERMOOR VOGTEI /// SCHLEIFWEG 11 /// D-99986 VOGTEI-NIEDERDORLA /// 00 49 / 36 01 / 75 60 40 /// WWW.OPFERMOOR.DE ///

OPFERSTÄTTEN DER ALTEN GERMANEN

Ausflug: Opfermoor Niederdorla

40

Für die alten Griechen und Römer waren die Germanen Barbaren. Das bedeutete jedoch nur, dass sie keine griechisch-römische Bildung genossen hatten. Aus heutiger Sicht betrachtet kommt mir vieles barbarisch vor, was damals den Jahreslauf bestimmte: die Opferung von Tieren oder gar Menschen. Das Opfermoor liegt in der Landgemeinde Vogtei, die aus Ober- und Niederdorla sowie Langula besteht. Die ehemalige Kultstätte Niederdorla wurde etwa vom sechsten Jahrhundert vor Christus bis ins Mittelalter genutzt. Ein paar aufgespießte Tierschädel erinnern noch daran.

Das Freigelände liegt an zwei Seen. Der Rundgang führt mich am Ufer entlang über Kultplätze zu einem germanischen Bauernhof aus dem dritten Jahrhundert. Die Gebäude sind maßstabsgerecht nach dem Grabungsbefund aus den 1960er-Jahren rekonstruiert. Auch einige der 86 Heiligtümer wurden so nachgestaltet, wie sie bei den Ausgrabungen zusammen mit Knochen und Gefäßen ans Licht kamen. Der Rundweg streift elf Opferplätze aus sieben Opferperioden wie eine Idolhütte mit rechteckigem Altar, einen Rasenaltar, ein Kultschiff, verschiedene Kultstangen oder Götterbilder, die mit Flechtwerk eingezäunt sind. Nur die ältesten Kultstätten aus der Hallstattzeit wurden zeitgemäß mit Steinen umfasst.

Nicht nur zu Festen und bei museumspädagogischen Angeboten trifft man historische Darsteller, sondern mit etwas Glück auch innerhalb der normalen Öffnungszeiten. Hier wird Geschichte lebendig gemacht und dabei höchstens die eigene Freizeit geopfert. Der Museumsbau aus Holz, der nahe dem Parkplatz steht, ist der Siedlungsarchitektur angepasst. In ihm werden Originalfunde der Ausgrabungen mit Modellen der Heiligtümer kombiniert und mit Grabungsfotos ergänzt. Für den Eintritt in das abgesperrte Freigelände benötigen Sie einen Chip, den Sie im Museum kaufen können. Falls Sie einen Hund dabeihaben – vergessen Sie bitte die Leine nicht. *ps*

Der Mittelpunkt Deutschlands liegt zwischen dem Museum am Parkplatz und dem Freigelände in Niederdorla. Seit 1991 steht hier die Mittelpunktslinde, an der Mittelpunktsfeste stattfinden.

THÜRINGENS TERRASSENTHERME BAD COLBERG /// PARKALLEE 1 ///
D-98663 BAD COLBERG-HELDBURG /// 00 49 / 3 68 71 / 2 30 ///
WWW.THUERINGENS-TERRASSENTHERME.DE ///

HISTORISCHER VEREIN UMMERSTADT /// VIEHMARKT 99 ///
D-98663 UMMERSTADT /// 00 49 / 3 68 71 / 3 05 10 ///
WWW.UMMERSTADT.DE ///

DER WINZLING MIT DER TOLLSTEN THERME

Bad Colberg-Heldburg: Thüringens Terrassentherme 41

116 Einwohner und ein maßgeblicher Kurort – das muss man dem kleinen Bad Colberg erst mal nachmachen! Zwar ist es ein Ortsteil der größeren Gemeinde Bad Colberg-Heldburg, aber mit seinen Thermalquellen und der nestartigen Lage in der bergigen Landschaft strahlt es einen ganz eigenen Flair aus, der auch geprägt ist durch seine Randlage im Süden Thüringens und die Bruchstellen der deutschen Geschichte. Denn zu DDR-Zeiten kam das Bad im Sperrgebiet zu liegen, durfte mithin nur mit Sondererlaubnis besucht werden; die Wunden dieser historischen Zäsur sind erst mit den Jahren verheilt.

Ich fahre mit dem Auto von Oberfranken über Gemünda kommend Richtung Bad Colberg. Sommerliches Grün umfängt mich. Kurz hinter dem Weiler Gehegsmühle – die Straße ist so schmal, dass ich inständig hoffe, von Gegenverkehr verschont zu bleiben – überquere ich neben der in der Sonne glitzernden Rodach die ehemalige Grenze zwischen West und Ost. Nun geht es durch Ummerstadt mit seinen herrlichen Fachwerkhäusern, knappe drei Kilometer weiter erreiche ich Bad Colberg. Klinik und Therme bilden das medizinische Zentrum. Auf einer Bank vor der alten Sprudelhalle sitzend notiere ich erste Gedanken für diesen Text, während mich ein Schwarm Schwalben fröhlich umschwirrt. Jetzt aber nichts wie los zur *Terrassentherme*! Elf verschieden große Becken bilden ihr Herzstück. Sie sind unterschiedlich temperiert und mineralisiert. Bad Colberg verfügt über drei Thermal- und Thermalsolesprudelquellen, die zwischen 34 und 47 Grad warm sind, darunter eine siebenprozentige Thermalsole. Durch die gläserne Deckenkonstruktion entsteht der Eindruck, unter freiem Himmel zu baden; in zwei Pools kann man das tatsächlich. Wer an kälteren Tagen kommt, findet Entspannung in einer der fünf Saunen.

Mich treibt es später noch den Wanderweg auf den Berg hinter der Therme hinauf. Hier genieße ich den Blick über die Täler und einen Apfel, frisch von der Natur geschenkt. *fs*

☞ Unbedingt einen Abstecher in die über 1.000 Jahre alte Fachwerkstadt Ummerstadt (die zweitkleinste Stadt Deutschlands) machen! Die ganze historische Ortsanlage steht unter Denkmalschutz.

DIE VESTE HELDBURG BEHERBERGT DAS DEUTSCHE BURGENMUSEUM VESTE HELDBURG /// BURGSTRASSE 1 /// D-98663 BAD COLBERG-HELDBURG /// 00 49 / 3 68 71 / 2 12 10 /// WWW.DEUTSCHESBURGENMUSEUM.DE ///

SCHLOSS GLÜCKSBURG RÖMHILD /// GRIEBELSTRASSE 28 /// D-98630 RÖMHILD /// 00 49 / 3 69 48 / 8 81 40 /// WWW.STADT-ROEMHILD.DE /// WWW.KERAMIKSYMPOSIUM-ROEMHILD.DE ///

WO DIE HELDEN WOHNEN

Bad Colberg-Heldburg: Stadt und Veste Heldburg

42

Von Bad Colberg aus mache ich mich auf den Weg nach Heldburg – unsportlich mit dem Auto; Radfahrer müssen sich bei den steilen und hohen Bergen zwischen den beiden Gemeindeteilen ganz schön ins Zeug legen! Sechs Kilometer weiter erreiche ich das Städtchen, über dem heute vor strahlend blauem Himmel gute hundert Meter höher die Veste Heldburg thront. Sie ist eine hochmittelalterliche Gründung, einzige thüringische Sehenswürdigkeit der Burgenstraße und heute mein erstes Ziel. Vom Parkplatz unterhalb der Burg gelangt man zu Fuß in wenigen Minuten hinauf. Beachtung verdient die gut 200 Jahre alte Schlosslinde am Eingang zur Anlage, deren Stamm 1960 von einem Blitz in zwei Teile gespalten wurde, die aber dennoch weiter grünt. Ein Besuch des Museums macht mit der Geschichte der Burg als Lebensform und Bauwerk vertraut. Eine gute Weile genieße ich den weiten Blick hinunter auf den Ort und hinaus ins Thüringer Land bis hinüber nach Oberfranken. Dies erinnert mich an eine traurige Episode aus dem Leben der Heldburg: 1982 brannte der in der Renaissance errichtete Französische Bau. Die Flammen waren bis auf die bayerische Seite zu sehen, doch die West-Feuerwehr bekam keine Erlaubnis von den DDR-Behörden, bei der Brandbekämpfung zu helfen. Erst nach der Wende 1989/1990 konnte man damit beginnen, die Schäden zu beheben.

Hinunter geht es in das Städtchen Heldburg. Es liegt ruhig und beschaulich da, verschont von Touristen, dafür umso bezaubernder: Allein die Fachwerkhäuser strahlen Charme aus, etwa das Forsthaus mit Türmchen und Erkern am Fuß des Burgbergs. Heldburg, 837 erstmals urkundlich erwähnt, war einst von einer Stadtmauer umgeben, von der noch einige Abschnitte sowie fünf Türme und ein Stadttor erhalten sind. Besonders fällt die Stadtkirche Unserer Lieben Frau am Markt mit ihrer schiefergedeckten Turmhaube ins Auge. *fs*

Mehr Thüringen-Feeling stellt sich im circa 25 Kilometer entfernten Römhild mit seinen Töpfereien ein. Jedes Jahr Mitte August findet der Thüringer Keramikmarkt auf Schloss Glücksburg statt.

ZWISCHEN DEN BEIDEN GLEICHBERGEN LIEGT DAS STEINSBURGMUSEUM /// WALDHAUSSIEDLUNG 8 /// D-98630 RÖMHILD /// 00 49 / 03 61 / 5 73 22 20 00 /// WWW.STEINSBURGMUSEUM.DE /// WWW.KELTEN-ERLEBNISWEG.DE ///

VON RÖMHILD AUS RICHTUNG HILDBURGHAUSEN LIEGT DAS WALDBAD RÖMHILD /// HILDBURGHÄUSER STRASSE /// D-98630 RÖMHILD /// 00 49 / 3 69 48 / 2 05 40 /// WWW.STADT-ROEMHILD.DE ///

EINE WANDERUNG IN DIE VORGESCHICHTE

Ausflug: Gleichberge

43

Die beiden Basaltkegel im Südthüringischen sind aus großer Entfernung zu sehen – bei schönem Wetter sogar von einem der sieben Hügel der etwa 80 Kilometer entfernten Stadt Bamberg in Oberfranken. Ihre markante vulkanähnliche Form macht sie unverwechselbar sowie die Tatsache, dass sie zu zweit sind. Als »montes similes« wurden sie in einer Schenkungsurkunde an das Kloster Fulda erwähnt, als gleiche oder ähnliche Berge also. Der kleine mit seinen 641,3 Metern wirkt ein wenig schmaler als sein 679 Meter hoher großer Bruder, sonst sehen sich die beiden dicht bewaldeten Kegel sehr ähnlich. Von Bad Colberg oder Bad Rodach aus bieten sie sich als Ausflugsziel für Wanderfreudige bestens an. Und weil der gut ausgeschilderte und sogar mit einer App fürs Handy ausgestattete Keltenweg über beide Gipfel führt, entscheiden wir uns für eine Wanderung auf selbigem von Nord nach Süd. Tatsache: Auf den Gleichbergen errichteten die Kelten eine gut 60 Hektar große befestigte Siedlung, die Steinsburg; das Baumaterial stammte aus dem erodierten Basalt des alten Vulkankamins. Erste Besiedelungsspuren reichen bis 6.000 vor Christus zurück.

Wir starten unsere Tour am Waldrand südlich von Dingsleben, am Schwarzen Stock, einer historischen Grenzmarkierung, nur einen knappen Kilometer vom Nordtor des Steinsburg-Außenwalles entfernt. Bald passieren wir einen flachen Grabhügel von ungefähr zehn Metern Durchmesser. Wir erreichen das Steinsburgmuseum in der Senke zwischen den beiden Bergen. Das schiefergedeckte Haus zeigt archäologische Funde aus der Region. Weiter geht es zum Gipfel des Großen Gleichbergs. Vom Hauptpfad biegt der Weg des Gedenkens ab. Er ist den Insassen eines Arbeitserziehungslagers der Gestapo gewidmet. Der steile Weg will erklommen sein, belohnt werden wir durch einen herrlichen Aussichtspunkt, von dem aus wir auf die Spitze des Kleinen Gleichberges blicken. Dahinter ragen die Gipfel der Rhön im Dunst auf. Magisch schön. *fs*

Abkühlung verschafft von Mai bis September das von Quellwasser gespeiste Waldbad Römhild, idyllisch gelegen zwischen den beiden Gleichbergen mit Blick auf die Steinsburg.

Zweiländermuseum
Rodachtal
in den Kemenaten
ZWEILÄNDERMUSEUM RODACHTAL /// PFARRBERG 5 ///
D-98646 STRAUFHAIN-STREUFDORF ///
00 49 / 3 68 75 / 5 06 51 /// WWW.ZWEILAENDERMUSEUM.DE ///

EIN LAND, ZWEI WELTEN

Ausflug: Zweiländermuseum Rodachtal in Streufdorf 44

Bad Colberg und sein Hinterland ragen wie ein krummer Finger hinein nach Bayern. Das nahe Bad Rodach und seine Umgebung ragen wiederum wie ein krummer Finger hinein nach Thüringen. Diese Lage wäre nur eine Bagatelle, hätte die deutsche Geschichte nach 1945 nicht für beide Landstriche südlich des Thüringer Waldes zwei verschiedene Welten in petto gehabt. Die deutsch-deutsche Teilung hatte auch auf dem Land traurige bis hochdramatische Folgen. Diesen spürt das Zweiländermuseum in Streufdorf nach.

In dem kleinen Ort sticht sofort die alte Wehrkirchenanlage ins Auge: Eine dicke Mauer grenzt das Ensemble ab, darüber ragt die evangelische Kirche auf. Die Umwehrung aus dem frühen 17. Jahrhundert wurde 1996 bis 2000 gesichert, nachdem die Bauten zu DDR-Zeiten verwahrlosten und allenfalls als Mülllager dienten. Aus den einstigen Schutzräumen und Depots wurde ein kleines, aber feines Museum, das die unterschiedlichen Epochen des Landlebens im Rodachtal darstellt und dabei der Geschichte nach 1945 besonderen Raum gibt.

Streufdorf liegt nur zwei Kilometer von der bayerischen Grenze entfernt; es gehörte also zum Sperrgebiet, einem fünf Kilometer breiten Gürtel an den Westgrenzen der DDR, in dem zu leben und den zu betreten nur mit Genehmigung gestattet war. Besuch musste Wochen vorher angemeldet werden. Wie gingen die Bewohner in den umliegenden Dörfern damit um, von ihrer über Jahrhunderte vertrauten Umgebung abgeschnitten zu sein? Schließlich kennt auf dem Land jeder jeden, nun war der Weg in eine Richtung versperrt. Zwei Zwangsumsiedelungen in den Jahren 1952 und 1961, als »politisch unzuverlässige« Bürger aus dem Sperrbezirk ins Innere der DDR deportiert wurden, zerrissen Familien und Freundeskreise noch mehr. Zeitzeugenberichte lassen jene Jahrzehnte lebendig werden, aber auch die friedliche Revolution von 1989 und die Veränderungen, die seitdem ihre Kreise ziehen. *fs*

Eine Wanderung zur 449 Meter hohen Ruine Straufhain gefällig? Die Reste der Burg liegen auf dem höchsten Gipfel des Heldburger Landes mit traumhaften Weitblicken nach Bayern und Thüringen.

DIE KNEIPPANLAGE AM GOETHEBRUNNEN LIEGT NEBEN DER TOURIST-INFORMATION BAD BERKA /// GOETHEALLEE 3 /// D-99438 BAD BERKA /// 00 49 / 3 64 58 / 57 90 /// WWW.BAD-BERKA.DE ///

OHA-EISCAFÉ /// BAHNHOFSTRASSE 4 /// D-99438 BAD BERKA /// 00 49 / 3 64 58 / 4 20 10 ///

DAS MERAN THÜRINGEN

Bad Berka: Kneippanlagen am Goethebrunnen 45

Wir haben Anfang April. Gestern herrschte noch Winter, eisige Schauer fegten über das Land. Heute brennt die Sonne, und ich weiß nicht recht, was anziehen für die Recherche in Bad Berka. Am besten Zwiebellook!

Das kleine Bad im Weimarer Land wurde 1119 erstmals urkundlich erwähnt. Still und beschaulich wirkt der Ort. Dass man das malerische Bad Berka auch »das Meran Thüringens« nennt, erschließt sich an diesem sonnigen Tag unmittelbar. Ich beginne meine Tour am Markt und wandere gemächlich Richtung Kurpark. Ein erfrischend bunt geschmückter Osterbrunnen freut das Auge, und das Gefrorene im *Oha-Eiscafé* verführt die Autorin zu einem zweiten Frühstück. Schließlich ist so eine Buchrecherche ja eine Herausforderung für alle Sinne!

Mein Ziel sind zunächst die Kneippanlagen am Goethebrunnen; ich habe kaum das Eis verdrückt, spaziere ich schon durch das schmale Tor hinter dem Brunnen. Es ist ein wenig, als beträte ich einen verwunschenen Garten: In drei Wasserbecken spiegelt sich die Sonne. Grün glänzt der Rasen. Ein Barfußpfad mit unterschiedlichen Bodenbelägen von Kork bis Sand führt um das erste Becken. Noch ist die brusthohe Hecke rundum nicht grün, sondern braungrau, und das verbliebene Herbstlaub raschelt ein wenig verdutzt über den plötzlich einsetzenden Frühling im lauen Wind. Tatsache: Diese großzügige, aufs Beste gepflegte Anlage hat es mir sofort angetan. Und die ungewohnte Wärme fordert ohnehin ein wenig Abkühlung. Entweder Arm- oder Fußbad, nicht beides zu kurz hintereinander, fordern die Kneippregeln. Ich entscheide mich für das Armbad. Die Becken werden von der Berkaer Heilquelle gespeist, das Wasser hat gerade mal zwölf Grad, ein Armbad soll nicht länger als maximal 30 Sekunden dauern. Ich bringe meine Uhr in Position. Nach 25 Sekunden sind meine Arme taub, das T-Shirt nass und der Kreislauf stabilisiert. Die Recherche kann weitergehen! *fs*

Wandervögel lieben die sanfte Hügellandschaft rund um Bad Berka. Für eine Tagestour ist etwa der Drei-Türme-Weg beliebt. Wanderkarten gibt es in der Tourist-Info.

DER GOETHEBRUNNEN BEFINDET SICH NEBEN DER TOURIST-INFORMATION BAD BERKA /// GOETHEALLEE 3 /// D-99438 BAD BERKA /// 00 49 / 3 64 58 / 57 90 /// WWW.BAD-BERKA.DE ///

»DAS GOETHE-BAD IM GRÜNEN«

Bad Berka: Goethebrunnen 46

»Das Goethe-Bad im Grünen« – so nennt sich Bad Berka, und beide Attribute, »Goethe« und »Grün«, passen perfekt zu dem kleinen Bad, das sich zwölf Kilometer südlich von Weimar in den Hügeln räkelt. In Weimar stand der Berkaer Ludwig Geist in Goethes Diensten und weckte das Interesse des Dichters an der Heilquelle von Berka. Goethe wirkte am Bau der Kuranlagen mit. Nur recht und billig, dass ihm der Brunnen gewidmet ist, aus dem am Rande des Kurparks das Heilwasser fließt. Gerade bepflanzt eine Gärtnerin die Beete, die den Brunnen umfassen, und der tempelartige Überbau, unter dem die 1950 geschaffene Brunnenfigur steht, spendet Schatten an diesem ungewöhnlich warmen Frühlingstag.

Zunächst nutzte Berka hauptsächlich seine Schwefelquelle, die im 19. Jahrhundert versiegte, sodass eine zweite, stark eisenhaltige Quelle in den Fokus rückte. Durch eine Tiefbohrung im Jahr 1877 veränderten sich deren Bestandteile: Heute sprudelt hier ein Calcium-Sulfat-Hydrogencarbonat-Wasser. Es wird für Trinkkuren benutzt und ist unter anderem angeraten bei Störungen der Magen- und Darmmotorik, Stoffwechselproblemen sowie bei Calciummangel.

In der Tourist-Information gleich neben dem Brunnen bekomme ich ein Glas, um das Wasser zu probieren. Aus dem Goethebrunnen fließt es kalt, drinnen plätschert es auch angewärmt, um Patienten mit Magenproblemen entgegenzukommen. Anderthalb Liter soll der Kurgast pro Tag konsumieren. Der Geschmack des kalten Wassers ist wenig verräterisch; es könnte auch Leitungswasser sein. Die angewärmte Version entpuppt sich als »geschmackiger«, aber längst nicht so mineralisch überdimensioniert wie an anderen Orten. Zur Kurgeschichte Bad Berkas gehört auch die 1898 errichtete Sophienheilstätte. In offenen Liegehallen im Wald – nur die Rückwand wurde geschlossen – kümmerte man sich um Lungenkranke, die in der freien Natur ohne Ansteckungsgefahr ihr Leiden auskurieren oder zumindest seine Symptome verbessern konnten. *fs*

Im Juni blüht der Rhododendrongarten. Mehrere Wege führen zu den bunten Sträuchern, etwa der 10 Kilometer lange Kneipp-Rundwanderweg, Start am Goethebrunnen.

ALTES BRAUHAUS BAD BERKA /// BRAUHAUSSTRASSE 3 /// D-99438 BAD BERKA /// 00 49 / 3 64 58 / 3 06 16 /// WWW.MONTAG-BRAUHAUS.DE ///

ST.-MARIEN-KIRCHE /// PFARRGASSE 1 /// D-99438 BAD BERKA /// WWW.EV-KIRCHE-BAD-BERKA.DE ///

OHNE KLOSS NIX LOS

Bad Berka: Altes Brauhaus

47

Wir haben einen Tipp bekommen: Sollen unbedingt im *Alten Brauhaus* einkehren, direkt am Mühlgraben, rustikal, thüringisch, kulinarisch einfach ein Muss. Also gut, wird getestet! Denn jeder Kurgast braucht auch eine Pause von der Kur oder er verlängert die Wellness-Auszeit, die so eine Kur ja auch sein kann, im Wirtshaus. Das *Alte Brauhaus* eignet sich hervorragend für eine Auszeit, an diesem wunderbaren Apriltag zumal. Auf der Terrasse lassen wir uns nieder, man hätte Lust, die Füße gleich ins Flusswasser zu halten, so sehr tut Abkühlung Not.

Wir beschließen, uns zunächst von innen abzukühlen, und zwar mit einem *Brauhaus Spezial*, naturtrüb, süffig, ein klein wenig malzig, aber nicht süß. Seit dem Mittelalter wurde in Berka Bier gebraut, seit 1833 gab es einen Brauverein. Die Bürger brachten ihre Gerste zum Braumeister und erhielten im Gegenzug einen Gutschein für Jung- oder Lagerbier. 1906 löste sich diese Tradition auf; heute wird das *Spezial* im Buchfarter Sudhaus exklusiv für das *Alte Brauhaus* gebraut. Kulinarisch passt hierzu natürlich etwas Thüringisches, also Deftiges, mit dem typischen Kloß, der auf dem Teller so gut wie zerfließt. Die Wahl fällt schwer zwischen Rinderrouladen mit Apfelrotkohl oder in Schwarzbier geschmorten Schweinebäckchen mit Sauerkraut. Wer es leichter mag, findet unter der Speisekartenrubrik »Fit und sportlich« etwas Passendes. Salate und Burger, auch vegetarisch, sind ebenfalls im Angebot. Aber für mich muss es der Kloß sein, eine Kindheitserinnerung. Kloß mit Soß war bei jedem Wirtshausbesuch eine Option, und als Grenzlandkinder auf bayerischer Seite kannten wir natürlich auch die Thüringer Klöße, die sonntags auf den Tisch kamen, denn Kochkünste machen nicht an Grenzen Halt.

Noch einen Espresso trinken, der Sonne beim Glitzern auf dem Wasser zusehen und ab und zu einen Fisch unter der Oberfläche beobachten – das hat Qualität. Die schönen Dinge sind eben doch langsam. *fs*

Festungsgleich liegt die evangelische Kirche St. Marien im Zentrum des Ortes. Der Innenraum strahlt in Gelb, Grün und Blau, die Kanzel liegt über dem Altar. Die Wetterfahne stellt einen Hirsch dar.

PAULINENTURM /// ADELSBERG /// D-99438 BAD BERKA ///
00 49 / 3 64 58 / 48 38 94 (GASTSTÄTTE ZUM PAULINENTURM) ///

STARTPUNKT DER WANDERUNG BEIM COUDRAYHAUS ///
PARKSTRASSE 16 /// D-99438 BAD BERKA ///

VITAL STATT WINTERMÜDE

Bad Berka: Paulinenturm

48

Es ist die zweite Woche der Osterferien. Die Sonne scheint, doch der kühle Wind sorgt für die nötige Frische, um die gut neun Kilometer lange Wanderung zum Paulinenturm auf dem Adelsberg in Angriff zu nehmen. Wer das Auto am Coudrayhaus am Ende des Kurparks abstellt, spart sich einen kleinen Teil der Wegstrecke. Diese ist übrigens auch ein vom Deutschen Nordic Walking Verband zertifizierter *VitalParcours*, markiert durch das schwarze Viereck mit der weißen »2«. Wir wandern durch Wald. Noch raschelt an den Bäumen das trockene Laub des Vorjahres. Während im Kurpark die Primeln und Narzissen ans Licht spitzen, verhält sich so ein Wald ja eher abwartend. Allerdings zwitschern die Vögel, wie man es lange nicht gehört hat, und sofort stellen sich Frühlingsgefühle ein. Es geht nicht allzu steil voran, aber die stetige Steigung fordert wintermüden Wanderern durchaus einiges ab. Außer uns sind vor allem Familien mit Kindern unterwegs, die Spaß daran haben, letzte Ostereier im Moos längs des Weges zu entdecken. Der Paulinenturm ist zwar 26 Meter hoch und insofern eine gewisse Wegmarke, doch der Wald steht so dicht, dass wir das schlanke Bauwerk erst sehen, als wir in den Schotterweg einbiegen, der direkt auf den Turm zuführt. Gebaut wurde er 1884 im Auftrag des örtlichen Kur- und Verschönerungsvereins, Namensgeberin war Großherzogin Pauline von Sachsen-Weimar-Eisenach. Lichtschlitze und ein Wappenstein verzieren das Bauwerk; ein bisschen mittelalterlich sieht es aus und dabei auch neu, fast unberührt.

Oben auf dem Turm dreht sich die Fahne im Wind. Im Ort sagte uns jemand, dies sei das Zeichen, dass die in unmittelbarer Nachbarschaft gelegene Gaststätte *Zum Paulinenturm* geöffnet habe. Doch bevor wir uns auf einen Schwarzbierbraten niederlassen, erklimmen wir die knapp 150 Stufen zur Aussichtsplattform. Der Blick reicht an sehr klaren Tagen bis zum Harz. *fs*

Die benachbarte Gaststätte *Zum Paulinenturm* hat Almhüttencharakter, einen Spielplatz und eine herrliche Terrasse. Zu den Öffnungszeiten ist die Anfahrt mit dem PKW über den Forstweg erlaubt.

TOSKANA THERME BAD SULZA /// WUNDERWALDSTRASSE 2A ///
D-99518 BAD SULZA /// 00 49 / 3 64 61 / 9 20 00 ///
WWW.TOSKANA-THERME.DE ///

VON THÜRINGEN ZUR EXPO UND ZURÜCK

Bad Sulza: Toskana Therme

49

»Toskana des Ostens«, das Markenzeichen für Bad Sulza, geht auf einen Reisebericht der 1920er-Jahre zurück, der Sulza mit der wohl schönsten Region Italiens vergleicht – wegen der Landschaft, des Klimas, der Kultur, des Weins, der Lebensart. Mein Eindruck bestätigt, wofür die Wegbereiter des modernen Gesundheitstourismus belächelt wurden, als sie die Bezeichnung aufgriffen. Im Gegenlicht erscheinen mir selbst die Pappeln wie Zypressen.

Die 1999 eröffnete Therme ist ein Gesamtkunstwerk mit idealen Bedingungen zum Entspannen. Ein besonderes Erlebnis bietet der *Liquid Sound Tempel*. Ich schwebe auf dem Wasser und tauche ein in den flüssigen Klang dieses speziellen Konzertsaals mit seinen stimmungsvollen Lichteffekten. Der Kulturdirektor der *Toskanaworld* mit Therme, Wellnesspark, Hotel und Klinik, Micky Remann, hat das Verfahren zur Unterwasserbeschallung erfunden. Er erzählt mir vom Projekt *Liquid Sound® in der Toskana des Ostens* auf der *Expo 2000* in Hannover, das seitdem Gäste, Experten und Medienvertreter in Scharen nach Bad Sulza lockt. Sogar die *New York Times* hat darüber berichtet.

Im Saunabereich ist das Lektarium mein Favorit: Hier steht Lesestoff bereit, literarische Aufgüsse komplettieren den Aufenthalt. Auch eine indianische Schwitzhütte, in der Tom Blue Wolf vom Stamm der Muscogee zwei Mal im Jahr Teilnehmer mit auf eine Reise zu Mutter Erde nimmt, die Weinbergsauna mit Echtholzfeuer oder die Infrarotsphäre für trockenen Tiefenwärmegenuss sind verlockend. Es gibt Aktzeichenkurse, unter der Kuppel finden Live-Konzerte statt. Das Generationsproblem ist durch die terrassenförmige Anordnung der Wasserbecken inklusive Eltern-Kind-Bereich konfliktarm gelöst. Während früh eher Kurgäste die Becken dominieren und nachmittags gern Familien planschen, herrscht samstagabends Club-Atmosphäre, denn: Baden ist für Micky Remann das neue Ausgehen. In Bad Sulza weiß man, was die Gäste zu welchem Zeitpunkt mögen. *ps*

Gönnen Sie sich solo oder im Duett vor dem normalen Badebetrieb eine *Liquid Bodywork®*- oder *Aqua Wellness*-Session im *Liquid Sound Pool*, von geschultem Personal begleitet, mit sanfter Massage kombiniert.

DAS THÜRINGER WEINTOR LIEGT IN DER NÄHE DES GRADIERWERKS LOUISE UND IST AM BESTEN ÜBER DIE ALBERT-LINDNER-STRASSE ZU ERREICHEN /// D-99518 BAD SULZA /// WWW.BAD-SULZA.DE ///

THÜRINGER WEINGUT BAD SULZA /// SONNENDORF NUMMER 17 /// D-99518 BAD SULZA-SONNENDORF /// 00 49 / 3 64 61 / 2 06 00 /// WWW.THUERINGER-WEIN.DE ///

DAS ERBE EINES POLITIKERS AUS DER PFALZ

Bad Sulza: Thüringer Weintor

50

Als Bernhard Vogel 1992 Ministerpräsident wurde, brachte er langjährige Erfahrungen als Wein- und Zigarrenliebhaber aus Rheinland-Pfalz nach Thüringen mit. Wen wundert es also, dass Wein und Genuss seine politische Tätigkeit wie das Privatleben stets begleiteten. 1994 weihte er das erste und bisher einzige Weintor in den neuen Bundesländern ein. So wie das Deutsche Weintor Eingangspforte zur Deutschen Weinstraße ist, so markiert das Thüringer Weintor den Beginn der Weinstraße Saale-Unstrut im nördlichsten deutschen Weinbaugebiet. Die Weinstraße führt von hier über Bad Kösen, Naumburg, Freyburg und Laucha nach Nebra, das durch die Himmelsscheibe bekannt ist. Auch der Weinwanderweg um Bad Sulza beginnt zwischen Gradierwerk und Ilm. Er ist rund acht Kilometer lang und überwindet 291 Höhenmeter. Die gute Nachricht: Nur 137 davon gehen bergauf.

Im Winter hätte ich das Weintor wegen der noch kahlen Weinstöcke beinahe übersehen. Der Standort am Gradierwerk zeigt: Sole und Wein sind zwei ganz besondere Elemente für Erholung und Entspannung. Von hier aus eröffnet sich das Panorama der Rebhänge in Richtung Sonnenburg, in deren Nähe sich das *Thüringer Weingut Bad Sulza* befindet. Rebsorten wie Gutedel, Müller-Thurgau, Silvaner, Kerner oder Regent werden bevorzugt angebaut. Der feinfruchtige Castello di Auerstedt des *Thüringer Weinguts*, ein Cuvée aus Ortega, Müller-Thurgau und Kerner, ist der Toskana des Ostens gewidmet. Nach Napoleons Heerführer Marschall Davout, auch Herzog von Auerstedt, ist ein Rotwein benannt. Das Weingut lädt zu Veranstaltungen, Wanderungen durch die Weinberge oder Erlebnisweinproben ein. In der Regel sind dafür Anmeldungen notwendig. Am Tag der offenen Weinkeller und bei Themenwanderungen öffnen Berufs- und Hobbywinzer sowie Gasthäuser ihre Pforten und bieten regionale Weine an. Die Thüringer Weinprinzessin wird jedes Jahr beim Thüringer Weinfest in Bad Sulza gekrönt. *ps*

Die Salztradition kommt im Gradierwerk *Louise*, dem Saline- und Heimatmuseum, den salinetechnischen Anlagen oder der Trinkhalle zum Ausdruck.

GOETHES GARTENHAUS II /// WUNDERWALDSTRASSE 2A ///
D-99518 BAD SULZA /// 00 49 / 3 64 61 / 9 20 00 ///
WWW.GOETHEGARTENHAUS.COM ///

HOTEL AN DER THERME /// RUDOLF-GRÖSCHNER-STRASSE 11 ///
D-99518 BAD SULZA /// 00 49 / 3 64 61 / 9 20 00 ///
WWW.TOSKANAWORLD.NET ///

TÄUSCHEND ECHT UND KEINE FÄLSCHUNG

Bad Sulza: Goethes Gartenhaus II

51

In der mitteleuropäischen Kur- und Bäderszene kommt man um Goethe einfach nicht herum. Dass sogar sein Weimarer Gartenhaus in Bad Sulza steht, ist jedoch eine Segnung der Moderne und hat nichts mit Goethes Vorlieben für Kuraufenthalte und schöne Frauen in den Badeorten zu tun. Bei dem Gebäude handelt es sich um Goethes Gartenhaus II, was im modernen Sprachgebrauch wohl 2.0 heißt. Ich entdecke es, als ich vom Parkplatz in Richtung Therme laufe.

Rein äußerlich unterscheidet das Haus nichts vom Original im Weimarer Park an der Ilm, das Herzog Carl August dem Dichterfürsten schenkte. Die exakte Kopie war die Attraktion der Europäischen Kulturhauptstadt Weimar 1999. Dort half sie, ein Besucher-Chaos im echten Gartenhaus zu verhindern. Der Vorteil des Duplikats: Alles darf angefasst werden. Um die Nachbildung täuschend echt erscheinen zu lassen, wurde sogar das Mobiliar künstlich abgewohnt. Nach einem Zwischenstopp auf der *Expo 2000* in Hannover trat das Gebäude die Reise nach Bad Sulza an.

Eröffnet wurde das Haus am Vorabend des 251. Geburtstages von Goethe. Die Nachbarschaft zur Toskana Therme birgt eine Assoziation mit Goethes Flucht nach Italien, die ihn 1786 über den Brenner, den Gardasee, Verona und Venedig in die Toskana führte. Dieser Region schenkte er in seinem zweiteiligen Werk *Italienische Reise* ein Denkmal voller Sehnsucht, Liebe und Hoffnung. Dort fand er zu seiner Kreativität zurück.

Goethe trifft man in dem Haus nicht. Der Herr Geheimrat, der bisweilen bei Hochzeiten oder Veranstaltungen in Erscheinung tritt, ist wie das Gebäude selbst ein Duplikat. Die Räume eignen sich für kleine, feine Veranstaltungen von Firmenpräsentationen bis zur Familienfeier. Bis zu 25 Gäste können sich bei einer Trauung im Saal dem Zeitgeist hingeben und Goethes Lebensmotto »Im Anfang war die Tat« verinnerlichen. Für größere Feiern darf die Wiese vor dem Haus oder die Terrasse mit genutzt werden. Das Team des Thermen-Hotels berät Sie gern. *ps*

Das Gartenhaus kann man nur von Mai bis September betreten. Wenn der Nebel über dem Ilmtal wabert, reitet vielleicht sogar der Erlkönig durch Nacht und Wind.

SCHLOSS AUERSTEDT /// SCHLOSSHOF /// D-99518 AUERSTEDT ///
00 49 / 3 64 61 / 9 20 00 /// WWW.AUERSTEDT.ORG ///
ANMELDUNG FÜR FÜHRUNGEN DURCH DAS MUSEUM UNTER
00 49 / 3 64 61 / 2 07 04 ODER
00 49 / 3 64 61 / 2 21 27 ///

WO PREUSSEN BEINAHE UNTERGING

Bad Sulza: Schloss Auerstedt

52

Den Namen der Ortschaft, seit 2012 nach Bad Sulza eingemeindet, kenne ich aus dem Geschichtsunterricht: durch Napoleons Doppelschlacht bei Jena und Auerstedt am 14. Oktober 1806. Beinahe wäre Preußen danach von der Landkarte getilgt worden. Dem russischen Zaren Alexander I. war es zu verdanken, dass die Schmach für Preußen nur in Gebietsverlusten gipfelte. Erst im Deutsch-Französischen Krieg 1870/71 wendete sich das Blatt. Der Satz »Preußens Aar flog über Auerstedt nach Sedan« auf dem Obelisken vor dem Auerstedter Schloss zeugt vom tiefen Stachel im Leib von König Friedrichs Heer. Das Schloss war 1806 Hauptquartier seiner altpreußischen Armee.

Dieses unselige Kapitel kriegerischer Auseinandersetzungen ist längst abgeschlossen. Auerstedt steht heute für freundschaftliche Beziehungen zu Frankreich. Die Nachfahren von Napoleons Heerführer Marschall Davout – durch Napoleon zum Herzog von Auerstedt ernannt – haben den Ort besucht. Vereine beider Länder haben Kontakt miteinander. Im Schloss atme ich Geschichte und staune über die vielen kleinen Räume. Jeder Raum ist anders gestaltet. Vergangenheit und Gegenwart sind dabei geschickt kombiniert. Kati und Frank Reinhardt setzen hier mit viel Liebe zum Detail ihre Philosophie von gepflegter Gastlichkeit um. Ob Firmentagung, runder Geburtstag, freie Trauzeremonie oder romantische Hochzeit – Schloss Auerstedt oder die im Stil eines brasilianischen Langhauses errichtete Maloca im Garten eignen sich bestens. Übernachten können Sie in Apartments und Ferienwohnungen gleich nebenan. Die Kutschen im Kutschenmuseum dienen nur Ausstellungszwecken und der Erinnerung an längst vergangene Tage. Ein Hochzeitswagen mit eingebauter Toilette brachte Großfürstin Maria Pawlowna und ihren Gemahl, den Erbprinzen Carl-Friedrich von Sachsen-Weimar-Eisenach, aus Petersburg 1804 nach mehr als einem Monat Fahrt ins Thüringische. Für die Kutschen von heute stehen auf dem Gelände Parkplätze bereit. *ps*

Die Eiermanns Else soll Alfred Hitchcock zu Meisterwerken wie *Psycho* inspiriert haben. Das erfährt man im preisgekrönten Film *Als Hitchcock in Auerstedt auf Eiermanns Else traf.*

KRISTALL SAUNA-WELLNESSPARK MIT SOLETHERME
BAD KLOSTERLAUSNITZ /// KÖSTRITZER STRASSE 16 ///
D-07639 BAD KLOSTERLAUSNITZ /// 00 49 / 3 66 01 / 59 80 ///
WWW.KRISTALL-SAUNATHERME-BAD-KLOSTERLAUSNITZ.DE ///

TÄGLICH NACKTBADEN AB DER MITTAGSSTUNDE

53

Bad Klosterlausnitz:
Kristall Sauna-Wellnesspark mit Soletherme

Die Kristall-Therme Klosterlausnitz lockt mit Thermal- und Wellenbad sowie Sauna-Wellnesspark. Hier können FKK-Freunde das ganze Jahr über nackt planschen. Baden ohne Textilien ist täglich ab 12 Uhr in der gesamten Thermen- und Saunalandschaft angesagt. Damit entfällt das lästige Anziehen der klitschnassen Badekleidung nach dem Saunagang. Nur an zwei Tagen pro Woche ist ab dieser Zeit wahlweise Baden mit und ohne möglich.

Bei vier Innen-, sieben Außensaunen und zwei Dampfbädern dürfte jeder seinen Lieblingsort finden. Das regelmäßige Aufgussprogramm enthält 18 Spezialaufgüsse, freitags und samstags noch zwei mehr. Kaffee de Arabica in der Kaffee-Stübchen-Sauna, Hildegard-von-Bingen-Aufguss mit Klangschalen-Zeremonie in der Dr.-Eisenbarth-Sauna, Spezial-Brutal-Aufguss in der Kristall-Sauna, Salzaufguss in der Salz-Sauna, Damen- oder Herrenaufguss … wer möchte, kann sich den ganzen Tag damit vertreiben. Besonders frisch wird es nach dem Schwitzen in der Eisnebelgrotte. Zwischendurch sind Wassergymnastik, Whirlpool, Schweben in der Thermalsole, Kampf gegen die Wellen beim Wellenbad, ein Spaziergang im Saunagarten oder eins der zusätzlichen Wellnessangebote wie Massagen mit Hot Stone, Honig oder Arganöl möglich. Der orientalischen Badekunst kann man auf Marmor-Schwitzsteinen im osmanischen Hamam frönen.

Die Infrarotkabine soll bei Krankheitsbildern wie Rückenschmerzen, Rheuma, Erkältungen oder Hautproblemen helfen. Im Aroma-Dampfbad werden gegen einen moderaten Aufpreis Black-Mud-Anwendungen angeboten. Hierfür reibt man den Körper zunächst mit mineralhaltigem Schlamm aus dem Toten Meer ein. Ich habe festgestellt: Das geht am besten zu zweit. Danach folgt ein Saunagang mit Salz-Öl-Peeling, nach dem sich die Haut wie neugeboren anfühlt. Den Bade-Sauna-Wellnesstag kann man in einem der drei Restaurants und zusätzlich im Sommer in einem Biergarten ausklingen lassen. An der Bar im Sauna-Restaurant warten leckere Cocktails. *ps*

Die Therme lädt auch zu Magischen Vollmondabenden ein, mit Aufgüssen, Aqua-Wellness und geheimnisvollen Zeremonien.

MEUSCHKENSMÜHLE /// MÜHLTAL 12 /// D-07639 WEISSENBORN /// 00 49 / 3 66 01 / 55 59 50 /// WWW.MEUSCHKENSMÜHLE.DE ///

MILOS WALDHAUS ERLEBNISKÜCHE /// MÜHLTAL 12A /// D-07639 WEISSENBORN /// 00 49 / 3 66 01 / 28 81 28 /// WWW.MILOS-WALDHAUS.COM /// WWW.EISENBERGER-MÜHLTAL.DE ///

WO DER STÄRKSTE MANN BIER ZAPFTE

Bad Klosterlausnitz: Meuschkensmühle im Mühltal

54

Das Mühltal zwischen Klosterlausnitz und Eisenberg habe ich in den 1990er-Jahren bei einer Wanderung des Mitteldeutschen Rundfunks kennengelernt und war begeistert. Acht Mühlen liegen idyllisch im beschaulichen Tal der Rauda an einem Wanderweg. Die einstigen Wassermühlen, die Mahl- und Schneidezwecken dienten, haben heute alle etwas mit Tourismus zu tun. Sie dienen als Restaurants, Hotels oder eine Jugendherberge und geben Einblick in die Geschichte des Mühltals und seiner Bewohner. Wer wissen will, wie es dort vor etwa 120 Jahren ausgesehen hat, dem sei der Mühltal-Miniaturpark an der Robertsmühle empfohlen.

Wenn Sie sich für den stärksten Mann der Welt interessieren, sind Sie an der Meuschkensmühle im Klosterlausnitzer Nachbarort Weißenborn richtig. Milo Barus, eigentlich Emil Bahr (1906–1977), war ein Kraftsportler. 1930 maß er sich mit den 41 stärksten Männern in Paris und wurde nach drei Tagen schwerster Kämpfe zum »Stärksten Mann der Welt und Weltmeister im Lastentragen« gekürt. Fünfmal konnte er den Titel verteidigen, in London, Kalkutta, Kairo, Buenos Aires und New York. Er stemmte ein Podest mit Klavier und Orchester, hob eine voll besetzte Straßenbahn aus den Schienen, hielt Armeeflugzeuge an Ketten vom Fliegen ab, zog einen beladenen Möbelwagen mit den Zähnen, schleppte ein Pferd auf einer Leiter und ein sich drehendes Karussell mit acht Personen. Die eine oder andere Herausforderung aus den Wettkämpfen nahm er in sein Varietéprogramm auf. Ab 1956 betrieb er seine Gaststätte in der Meuschkensmühle. 1960 baute er in unmittelbarer Nähe sein Wohnhaus. Zwischen beiden Gebäuden startet jedes Jahr am 3. Oktober auf einem arenaartigen Areal der *Milo Barus Cup*, ein Strongmen-Wettbewerb. In der Meuschkensmühle befindet sich neben Pension, Gaststätte und Biergarten eine Barus-Ausstellung, im Wohnhaus lädt eine stilvolle Eventküche zu Kochkursen ein. *ps*

Jedes Jahr am dritten Adventswochenende findet im Mühltal auf knapp acht Kilometern der wohl längste Weihnachtsmarkt Deutschlands statt. Die Mühlen sind nur zu Fuß zu erreichen.

BREHM-GEDENKSTÄTTE RENTHENDORF /// DORFSTRASSE 21–22 ///
D-07646 RENTHENDORF /// 00 49 / 3 64 26 / 2 22 33 ///
WWW.BREHM-GEDENKSTAETTE.COM ///

AN DEN WURZELN EINES LONGSELLERS

Bad Klosterlausnitz: Brehm-Gedenkstätte Renthendorf 55

Jedes Mal, wenn ich zum Baden nach Klosterlausnitz gefahren bin, fiel mir das braune Schild mit dem Hinweis zur Brehm-Gedenkstätte Renthendorf ins Auge. Und jedes Mal dachte ich: Da musst du hin. Für dieses Buch habe ich es endlich geschafft.

Brehms T(h)ierleben kenne ich aus meiner Kindheit. Es gab kaum einen Haushalt, der das zoologische Lexikon nicht in irgendeiner Ausgabe im Regal hatte. Ganze Generationen sind mit den Abbildungen und Beschreibungen von Alfred Brehm groß geworden, auch den in meiner vogtländischen Heimat geborenen Berliner Tierparkdirektor und Ornithologe Prof. Dr. Dr. h.c. Heinrich Dathe zog es immer wieder nach Renthendorf. Das und vieles mehr erfahre ich in der Gedenkstätte, die Christian Ludwig Brehm (1787–1864) und seinem Sohn Alfred Edmund Brehm (1829–1884) gewidmet ist. Alfred Brehms Neffe vermachte der Gemeinde das Anwesen samt Inventar. Vater Brehm, Pfarrer in Renthendorf, ging als Vogelpastor in die Geschichte ein. Er sammelte und präparierte Vögel und beschrieb die Tiere in seinen Nachschlagewerken. Von den 9.000 konservierten Vögeln gibt es einige noch heute in der Gedenkstätte, weitere im Zoologischen Forschungsmuseum Bonn. Ein Großteil der Sammlung wurde jedoch verkauft, zuerst an das Privatmuseum von Lord Rothschild und dann an das *American Museum of History*. Für die Forschung sind sie deshalb interessant, weil Christian Brehm bei den Präparaten Männchen und Weibchen verschiedener Vogelarten zu unterschiedlichen Jahreszeiten gegenüberstellte. Alfred unterstützte den Vater und brachte von seinen Expeditionen Vögel mit, neben Tieren für den Berliner Zoo oder das *Aquarium Unter den Linden*. Im Alter kehrte Alfred Brehm nach Renthendorf zurück und starb dort. Sein Vermächtnis besteht darin, Tiere populärwissenschaftlich und damit für Laien verständlich beschrieben und dargestellt zu haben. Auf dem Friedhof nahe dem Pfarr- und dem Wohnhaus ruhen Vater, Sohn und mehrere Familienmitglieder. *ps*

☞ Das gelbe »B« kennzeichnet den gut zwei Kilometer langen Brehm-Rundwanderweg mit Lehrtafeln. Von der Gedenkstätte aus können Sie auf den Spuren der Brehms wandeln und Wissenswertes erfahren.

ARDESIA-THERME /// PARKSTRASSE 8 /// D-07356 BAD LOBENSTEIN ///
00 49 / 3 66 51 / 3 93 92 00 /// WWW.ARDESIA-THERME.DE ///

RÜGENER FISCHHAUS /// LEONBERGER PLATZ 2 –
IM »NEUEN SCHLOSS« /// D-07356 BAD LOBENSTEIN ///
00 49 / 3 66 51 / 65 33 60 /// WWW.RUEGENER-FISCHHAUS.DE ///

SCHIEFERSAUNA UND MOORMASSAGE

Bad Lobenstein: »ARDESIA-Therme« 56

Bad Lobenstein ist Schiefer. Schon bei der Anfahrt fällt der Blick auf die in der Sonne glänzenden schwarzen Dächer. Obwohl der Winter in dieser Gegend naturgemäß lange dauert, liegt nur noch wenig Schnee am Straßenrand, als ich von Nordhalben in Oberfranken kommend über den Berg fahre und dann die steile Straße hinunter in den Ort rolle.

Die *ARDESIA-Therme* liegt neben dem Stadtteich, auf dem ein bisschen Eis treibt. Schnell ein Foto geschossen, dann geht es hinein in die Wellness-Welt dieses noch jungen Bades. Auch hier lautet das Motto Schiefer, wofür bereits der italienische Name der Therme steht. Lobenstein hat um den Titel »Bad« sehr gekämpft. Die Thermalquelle, die aus 1.200 Metern an die Oberfläche befördert wird, gab 2002 den Ausschlag für die Anerkennung als Bad: Indiziert sind Bäderkuren etwa bei Arthritis und degenerativen Wirbelsäulen- und Gelenkerkrankungen. In der Therme genießt man dieses Wasser, das mit 21,4 Grad aus dem Boden kommt, in vier Becken: Vom Warmbecken mit Whirlpool bei 37 Grad bis zum Kaltbecken bei 20 Grad. Die Heilwirkung der Quelle ist ein Erbe von Lobensteins mineralhaltigem Untergrund. Das zweite Highlight der Therme ist das Naturprodukt Moor, dessen wohltuende Wirkung seit mindestens 500 Jahren bekannt ist. Moorpackungen sorgen für eine gleichmäßige Durchwärmung des Körpers, lindern so Schmerzen und Entzündungen und regen den Stoffwechsel an. In der – Achtung, ein Lobensteiner Extra! – Moorsauna schwitzt man, mit Moorschlamm bestrichen, bei 48 Grad, positiver Einfluss auf das Hormonsystem und die Immunabwehr garantiert. Die Selbstheilungskräfte anzuregen, erscheint mir angesichts des nicht enden wollenden Winters auch dringend geboten. Deswegen ziehe ich mich in die Totes-Meer-Salzgrotte zurück. Die Stille gibt einem das Gefühl, endlich einmal losgelöst von den Anforderungen der Welt dahinzutreiben. Angezeigt ist die Salzgrotte bei Allergien, Hautkrankheiten und Erkrankungen der Atemwege. *fs*

Zur Stärkung nach dem Thermenbesuch empfiehlt sich das *Rügener Fischhaus* im Neuen Schloss, nur wenige Gehminuten entfernt. Fisch as Fisch can und Schnitzel in allerhand Variationen. Vorher reservieren!

KURPARK BAD LOBENSTEIN /// PARKSTRASSE
(GEGENÜBER DER THERME) /// D-07356 BAD LOBENSTEIN ///

BERGERLEBNIS MARKT-HÖHLER /// SCHULWEG 7 /// D-07356 BAD
LOBENSTEIN /// 00 49 / 3 66 51 / 3 07 92 /// WWW.MARKTHOEHLER.DE ///

BAUMTHERAPIE IM SCHIEFERBAD

Bad Lobenstein: Kurpark

57

Gleich gegenüber der Therme liegt der Lobensteiner Kurpark – man muss nur die Straße überqueren. Recht überschaubar wirkt er, kein grüner Dschungel wie etwa der in Bad Steben. Aber mal eben schnell durch den grünen Garten durch und dann auf zu neuen Taten – das klappt in Bad Lobenstein nicht gut. Denn hier spielen die Bäume des Parks die Rolle von Therapeuten, gelten sie doch in vielen Kulturen als Symbole des Lebens und des Wachstums. Baumbestandteile dienen als Arzneien, man denke etwa an die Rosskastanie: Creme, die deren Wirkstoffe enthält, lindert die Beschwerden schwerer Beine, und die Blüten der Linde, als Tee genossen, lösen lästigen Hustenschleim. So weit, so gut. Bad Lobenstein wagt den nächsten Schritt. Im Sinne einer »Baumheilkunde« bekommt der Besucher an der Infothek in der Therme eine Broschüre für den »Lehrpfad der Bäume« an die Hand. Diese führt ihn zu den einzelnen botanischen Denkmälern des Parks und erläutert dabei, welche Inhaltsstoffe des jeweiligen Baumes bei welchen Beschwerden helfen.

Sie werden denken, Kastanien und Ahorn, keine große Sache, die kennt jeder? Mag sein, aber es ist März, kein Blatt hat sich bislang hervorgewagt. Kaum möchte man glauben, dass all diese graubraunen Organismen lebende Wesen sind. Ausgehend von dem gelb in der Sonne leuchtenden und mit seinen grünen Fensterläden italienisch anmutenden Gartenpavillon aus dem Jahr 1746 wandere ich die Kastanienallee entlang auf das Neue Schloss zu. In der Lindenallee komme ich an einer Silberweide vorbei, deren Flavonoide und Gerbstoffe, so sagt die Broschüre, entzündungshemmend sind. Die beeindruckend hohe Lärche punktet mit ätherischen Ölen, die sogar desinfizierend wirken. Spannend sind auch die geologischen Zeugen des thüringisch-fränkisch-vogtländischen Schiefergebirges, die im Kurpark vorgestellt werden: Frauenbach-Quarzite und Diabas etwa. *fs*

Kinder und andere Neugierige, die wissen wollen, was sich tief in der Erde abspielt, erfahren alles über Gestein, Mineralien und Lobensteiner Bergbau im *Bergerlebnis Markt-Höhler.*

MARKTPLATZ UND RATHAUS /// STADTVERWALTUNG BAD LOBENSTEIN /// MARKT 1 /// D-07356 BAD LOBENSTEIN /// 00 49 / 3 66 51 / 7 70 /// WWW.BAD-LOBENSTEIN.DE ///

HOTEL MARKTBRAUEREI /// MARKT 24 /// D-07356 BAD LOBENSTEIN /// 00 49 / 3 66 51 / 21 14 /// WWW.HOTEL-MARKTBRAUEREI.DE ///

ACHTUNG, »FÄSSLESEECHER«!

Bad Lobenstein: Marktplatz und Rathaus 58

Kaum betrete ich den idyllischen Marktplatz von Bad Lobenstein, habe ich den Eindruck, Statistin in einem Western zu sein. An den beiden Längsseiten steht je ein Auto. Dahinter kauern Leute. Vermutlich sind sie zum Duell hier. Spaß beiseite: ein Zufall, zwei Pannen zur Mittagszeit am Markt, sonntags. Man wechselt Reifen, rauchende Colts sind keine zu sehen. Ich jedenfalls schlendere umher und bin hingerissen.

Im Hochmittelalter erhielt die kleine Stadt bereits das Marktrecht. An der Ostseite des Marktplatzes fällt das Rathaus ins Auge. Es wurde 1864/65 nach einem Brand neu gebaut. Heute ist es ganz in hellem Grau gehalten, die Fenstersimse treten deutlich hervor, im zweiten Stock gibt es eine Loggia, auf der man im Märzsonnenschein gern einen Cappuccino trinken würde. Das Geländer wird vom Stadtwappen geschmückt, einem in Silber und Schwarz gehaltenen Hundekopf auf rotem Grund. Das Motiv geht auf eine Legende zurück, der zufolge Kaiser Ludwig der Bayer (1282–1347) in der Lobensteiner Gegend gejagt und dabei seinen Lieblingshund verloren haben soll.

Schlimm für den Kaiser, doch der Hundekopf ist wahrlich nicht das kurioseste Motiv. Denn mittig über dem Giebel erhebt sich ein Türmchen, schiefergedeckt, spitz. Im Mittelelement, direkt unter der Uhr, gewähren zwei offene Flügeltüren Einblick in ein Kämmerlein: Ein Mannsbild steht da, bereit, in ein Fass zu pinkeln. Anders als bei des Kaisers Hund verbirgt sich hinter dem »Fässleseecher« eine wahre Geschichte: Die in und um Lobenstein blühende Tuchmacherei geriet in der zweiten Hälfte des 19. Jahrhunderts in die Krise. Sparsamkeit war angesagt. Zum Appretieren der Tuche benötigte man Ammoniak, und den gewann man kostengünstig durch menschlichen Urin. Mehrmals am Tag verrichtet der Pinkler sein Geschäft übrigens auf den Marktplatz. Um 14 Uhr soll es wieder so weit sein. Bis dahin sind hoffentlich die Pannenfahrer auf dieser Seite des Platzes mit dem Reifenwechsel fertig! *fs*

Romantisch übernachten in Bad Lobenstein, mit Blick auf den Marktplatz: Das geht im Hotel *Marktbrauerei*, als Schlaftrunk gibt's einen Brand aus der hauseigenen Brennerei.

NÄHERE INFORMATIONEN ZUM BLEILOCHSTAUSEE ERTEILT DIE TOURIST-INFORMATION /// MARKT 1 /// D-07929 SAALBURG-EBERSDORF /// 00 49 / 3 66 47 / 2 90 80 /// WWW.SAALBURG-EBERSDORF.DE ///
MÄRCHENWALD SAALBURG /// DORNBACHGRUND 1 /// D-07929 SAALBURG-EBERSDORF /// 00 49 / 3 66 47 / 2 22 18 /// WWW.MAERCHENWALD-SAALBURG.DE ///

AM »THÜRINGER MEER«

Ausflug: Bleilochstausee

59

Idyllisch liegt Saalburg an der Ostseite des Bleilochstausees, auch »Thüringer Meer« genannt. 1932 hat man hier die Saale aufgestaut. Entstanden ist der größte Stausee Deutschlands mit einer Länge von 28 Kilometern und einer Wasserfläche von gut neun Quadratkilometern. Steil geht es hinunter, wenn man über Schilbach und Wernsdorf kommend nach Saalburg fährt. Der Ort ist flankiert von den grünen Höhenzügen des Thüringer Schiefergebirges, Gefälle: 14 Prozent. Nun gut, Sie haben mich erwischt – so richtig grün sind die Berge im März noch nicht, und an den Rändern des Stausees wartet das Eis geduldig auf den Gang der Zeit. Aber idyllisch gelegen – das trifft auf alle Fälle zu.

Ab April beginnt die Schifffahrt auf dem See, angeboten wird sogar eine dreitägige Minikreuzfahrt auf Europas kleinstem Cruiser. Mich fasziniert der Gedanke, ein Floß zu leihen: führerscheinfrei, mit Elektromotor, daher nicht an die Sperrzeiten für Motorschiffe gebunden, die knapp sechs Meter Länge und der Kajütenaufbau sorgen für viel Bewegungsfreiheit. Doch dafür ist es leider noch zu früh im Jahr. Sollten Sie es nicht auf einen Lehrgang zum Erwerb des Bootsführerscheins abgesehen haben, sind Aktivitäten an Land im Winterhalbjahr realistischer. Wandern in dieser von Wasser und Bergen verwöhnten Natur funktioniert zu jeder Saison. So ist etwa die Tour von Ebersdorf auf der Westseite des Sees bis zum Heinrichstein in knapp vier Stunden zu schaffen, 140 Höhenmeter sind zu überwinden. Noch sportlicher geht es im Kletterwald Saalburg zu: Parcours unterschiedlicher Schwierigkeitsgrade warten auf Kraxler, den fünfjährigen Anfänger genauso wie den Könner mit Nervenstärke.

Kindern macht bestimmt ein Trip in den Märchenwald Spaß: Hier melden sich Figuren aus den Märchen der Gebrüder Grimm geschichtenerzählend zu Wort, und ihre tierischen Freunde sind auch dabei: So chillt etwa ein pummeliger Frosch am Brunnenrand und scheint über seine Krone zu staunen. *fs*

Die *Gießerei Heinrichshütte* in Wurzbach ist ein Museum zum Mitmachen – für Kinder, die gerne mal Hand anlegen, und Cracks, die an Mechanik und Industriegeschichte interessiert sind.

SOLETHERME UND SAUNAWELT BAD ELSTER ///
SÄCHSISCHE STAATSBÄDER GMBH /// BADSTRASSE 6 ///
D-08645 BAD ELSTER /// 00 49 / 3 74 37 / 7 11 11 ///
WWW.SAECHSISCHE-STAATSBAEDER.DE ///

HOTEL KÖNIG ALBERT /// CARL-AUGUST-KLINGNER-STRASSE 1 ///
D-08645 BAD ELSTER /// 00 49 / 3 74 37 / 54 00 ///
WWW.HOTELKOENIGALBERT.DE ///

SCHWEBEN WIE IM TOTEN MEER

Bad Elster: Soletherme und Saunawelt

60

Die meisten Menschen schaffen es nie bis ans Tote Meer. Müssen sie auch nicht, denn ein ähnliches Gefühl der Schwerelosigkeit finden Gäste im Salzsee der Soletherme, auch wenn der Salzgehalt mit 15 Prozent nur knapp die Hälfte vom Toten Meer erreicht. Im Indoorbereich erlangt er damit eine der höchsten Konzentrationen in Deutschland. Zum Schweben genügen bereits sechs Prozent. Die weist das Vogtländische Hutzn-Bad als Becken mit der geringsten Solekonzentration auf. Hier sind oft die meisten Besucher, denn das Wasser eignet sich gut zum Annähern an das ungewöhnliche Badegefühl. Wie der Name schon sagt, darf auch gesprochen werden. »Hutzn« beschreibt ein Stück vogtländischer und erzgebirgischer Lebensart, die im Zuge von Smartphone, Tablet und PC auf dem Rückzug ist. Früher trafen sich die Leute bei Hutzn-Abenden, um miteinander zu reden und noch ein paar handwerklichen Tätigkeiten oder Handarbeiten nachzugehen. Garn spinnen, klöppeln, schnitzen oder stricken in geselliger Runde waren beliebte Freizeitbeschäftigungen. Das Schweben will geübt sein: Mit etwas Glück ist der Aqua-Relax-Therapeut Oliver Möhwald vor Ort und zeigt Ihnen, wie Sie entspannt auf dem Wasser liegen können. Etwa im Licht- und Klangbad mit zehnprozentiger Sole, das die Vorzüge des warmen Salzwassers mit visuellen und akustischen Reizen vereint.

Auch bei der Saunawelt stand das Vogtland Pate. Die Moosmann-Sauna mit 110 Grad ist der vogtländischen Sagengestalt gewidmet, die Musikwinkel-Sauna dem Instrumentenbau. Heiße Elster heißt nicht etwa ein Getränk, sondern das Außenbecken mit 40 Grad heißem Wasser. Von der Panorama-Sauna aus schauen Sie auf den Flusslauf der Weißen Elster.

Die *Soletherme und Saunawelt Bad Elster* wurde 2015 eröffnet. Ein Bademantelgang verbindet das Hotel *König Albert* als Wohlfühlort mit der Therme. Der Skywalk führt zur Badelandschaft des König Albert Bads mit vier Badebecken und drei Saunen sowie zu den Therapieräumen. *ps*

Die *Sächsische Staatsbäder GmbH* und das Hotel *König Albert* halten jede Menge Pauschalangebote zum Kuren, Entspannen und Wohlfühlen in Bad Elster bereit.

NÄHERE INFORMATIONEN ZUR MARIENQUELLE ERTEILT DIE SÄCHSISCHE STAATSBÄDER GMBH /// BADSTRASSE 6 /// D-08645 BAD ELSTER /// 00 49 / 3 74 37 / 7 11 11 ///

ANMELDUNG ZU DEN FÜHRUNGEN ÜBER DIE CHURSÄCHSISCHE VERANSTALTUNGS GMBH /// KÖNIGLICHES KURHAUS (EINGANG SÜD) /// BADSTRASSE 25 /// D-08645 BAD ELSTER /// 00 49 / 3 74 37 / 53 90 11 ODER 00 49 / 3 74 37 / 5 39 00 /// WWW.CHURSAECHSISCHE.DE ///

SCHÖNHEIT DES LEBENS IN GLAS

Bad Elster: Marienquelle

61

Als 1810 das Flussbett der Weißen Elster begradigt wurde, entdeckten die beteiligten Akteure die Quellen der Marienquelle. In den 1930er-Jahren wurde das als Brunnentempel gestaltete Gebäude eingeweiht und seitdem mehrfach saniert. Die Innenausstattung zeugt vom Zeitgeist der Bauzeit und der 1950er-Jahre. Lebensfreude strahlen die Bleiglasfenster *Schönheit des Lebens* aus: Kinder, die um einen Baum voller Früchte tanzen, Menschen, Blumen, Tiere und die Sonne. Sie stammen von Walter Womacka, vielen als Maler, Grafiker und Rektor der Kunsthochschule Berlin-Weißensee bekannt. Er schuf neben Malereien auch gestalterische Arbeiten für markante Gebäude. Die Verbindung zu Plauen, der größten Stadt im sächsischen Vogtland, wurde durch den Stil von Plauener Spitze im Geländer aufgegriffen.

Insgesamt fünf Heilquellen befinden sich im Haus, die anders als die Moritzquellen ganzjährig zugänglich sind. Die Quellenschale in der Mitte des Untergeschosses schmückt eine stilisierte Blüte. Das Wasser tritt wie aus nach unten gebogenen Staubblättern nach außen und kann problemlos in Gläser gefüllt werden. Es eignet sich für Anwendungsbereiche wie Magen-Darm, Stoffwechsel, Nieren und ableitende Harnwege. Auf dem Dach thront eine goldene Krugträgerin, die in der Sonne über den Badeplatz und den Kurpark funkelt.

Der Badeplatz im Inneren der Parkanlage lädt zum Bummeln und Genießen ein. Auf dem Weg zur *KunstWandelhalle* kann der Besucher auf Bänken verweilen, Konzerten im Musikpavillon lauschen oder über die Zierpflanzen und Gehölze im Wandel der Jahreszeiten staunen. Skulpturen und Wasserspiele, darunter der Goethebrunnen, erfreuen die Gäste. Der Weimarer Hofgärtner und Gartengestalter Eduard Petzold, ein Schüler des berühmten Parkschöpfers Fürst Pückler, plante den etwa ab 1850 entstandenen Landschaftspark. Er ist Teil der historischen Kurparkanlagen, zu denen der Albert Park, der Paul-Schindel-Park, der Rosengarten oder der Waldpark gehören. *ps*

In Bad Elster werden verschiedene Führungen angeboten. Melden Sie sich an für Rundgänge zu Parks, zur Geschichte, zu Kunst, zum Theater, zu den Heilschätzen oder zum Heizwerk.

KÖNIG ALBERT THEATER /// THEATERPLATZ 1 ///
D-08645 BAD ELSTER /// WWW.KOENIG-ALBERT-THEATER.DE ///

NATURTHEATER BAD ELSTER /// CARL-AUGUST-KLINGNER-STRASSE 7 ///
D-08645 BAD ELSTER /// WWW.NATURTHEATER-BADELSTER.DE ///

DAS ERSTE UND DAS LETZTE SEINER ART

Bad Elster: König Albert Theater 62

Die Bühnentradition in Bad Elster reicht bis zum Albert Theater am Brunnenberg im Jahr 1888 zurück. Dieses Theater sowie das Kurhaus und die Musikpavillons waren dem Ansturm der Kurgäste aus ganz Europa bald nicht mehr gewachsen. 1911 wurde das *NaturTheater* nahe der Waldquelle mit einem Goethefestspiel eingeweiht. Im Mittelpunkt stand Goethes *Hermann und Dorothea*, in dem Erinnerungen an den Elsteraner Sauerbrunnen und die vogtländische Landschaft verarbeitet sind. Im Mai 1914 kam nach knapp zwei Jahren Bauzeit das König Albert Theater dazu. Dessen repräsentatives Gebäude beeindruckt noch heute, obwohl kein sächsischer König mehr in der Königsloge Platz nimmt. Das *NaturTheater* war das erste sächsische Theater seiner Art, das heutige König Albert Theater das letzte deutsche Hoftheater, das seine Majestät König Friedrich August III. von Sachsen eröffnen durfte. Kurz danach folgte der Erste Weltkrieg und mit ihm die Abdankung des Adels.

1998 bis 2004 wurde das König Albert Theater umfassend saniert, 2007 feierten die Elsteraner mit Gästen die Wiedereröffnung des *NaturTheaters.* Ob Chursächsische Winterträume, Chursächsischer Sommer, Mozartwochen oder Königliche Feiertage – das Albert Theater in Bad Elster bietet für jeden Geschmack etwas. Die Spielstätte ist ein Publikumsmagnet, egal, ob Oper, Theater, Kabarett, Comedy, Musical oder Konzert auf dem Programm steht. Johannes Heesters dürfte im Februar 2010 mit 106 Jahren der älteste Künstler gewesen sein. Die jüngsten sind Schüler der umliegenden Schulen und Musikschulen. Eine Besonderheit ist der Titel »Ehrenkünstler«. Solisten und Ensembles zeigen so ihre Verbundenheit zur Kurstadt. Das Julius-Mosen-Gymnasium Oelsnitz und das Musical-Ensemble des Gymnasiums Markneukirchen gehören dazu, Giora Feidman, Chris de Burgh, Ute Lemper, Jan Josef Liefers, Max Raabe, Wolfgang Stumph, Die Prinzen oder Vogtländer wie der erste Deutsche im All, Sigmund Jähn, Katrin Weber und Stefanie Hertel. *ps*

Wer hinter die Kulissen schauen möchte, sollte sich über die Touristinformation zu einer der Führungen durch Technik- und Publikumsbereiche anmelden.

BEGINNEN SIE DEN LIEBESWEG AN DER TOURISTINFORMATION BAD ELSTER /// KÖNIGLICHES KURHAUS /// BADSTRASSE 25 (EINGANG SÜD) /// D-08645 BAD ELSTER /// 00 49 / 3 74 37 / 5 39 00 ///

SÄCHSISCHES BADEMUSEUM BAD ELSTER /// KUNSTWANDELHALLE /// BADSTRASSE 6 /// D-08645 BAD ELSTER /// 00 49 / 3 74 37 / 5 39 00 /// WWW.SAECHSISCHES-BADEMUSEUM.DE ///

WALDQUELLE – RESTAURANT UND CAFÉ /// CARL-AUGUST-KLINGNER-STRASSE 5 /// D-08645 BAD ELSTER /// 00 49 / 3 74 37 / 53 45 20 /// WWW.WALDQUELLE-BADELSTER.DE ///

WIE PERLEN AN EINER SCHNUR

Bad Elster: Liebesweg

63

Liebeswege gehören zu Kurbädern dazu, sei es wegen der reizenden Landschaft oder wegen der den Kuraufenthalten oft nachgesagten temporären Beziehungen. Wanderfreunde bezeichnen einen Rundweg um Bad Elster als Liebesweg, an dem die reizendsten Plätze wie Perlen an einer Schnur aufgereiht sind. Für die rund 14 Kilometer werden vier Stunden veranschlagt. Wer unterwegs einkehrt oder an Sehenswürdigkeiten länger verweilt, kann den Ausflug zur Tagestour umfunktionieren.

Startpunkt ist die Touristinformation, von der es vorbei am Kurhaus in Richtung König Albert Theater geht. Dort wird die Straße zum Albert Bad hin überquert. Nach dem Passieren des Badeplatzes mit der Marienquelle kann der Wanderer den Kurpark genießen und in der Wandelhalle das Bademuseum besuchen. Reichlich einen Kilometer weiter verläuft der Wanderweg zwischen Rosengarten und Gondelteich und kreuzt den historischen Liebesweg Milostná cesta von Bad Elster ins tschechische Aš/Asch. Er soll einst Robert Schumann 1834 als kürzeste Verbindung zu seiner Verlobten Ernestine von Fricken gedient haben. Aus der Liaison wurde bekanntlich nichts. Er heiratete 1840 Clara Wieck, die zeit ihres Lebens an seiner Seite blieb.

Die nächste Station sind die Elsterschanzen nahe der tschechischen Grenze. Hier begann der Skiflugweltrekordler von 1973, Heinz Wosipiwo, seine Karriere. Nach gut vier Kilometern taucht ein Waldgeist auf und bestätigt, dass Sie auf dem rechten Weg sind. Die Wanderung geht weiter über den Ringweg und am Zeidelweidebach entlang Richtung Arnsgrün, der Arnsgrüner Straße folgend über die Elster und den Wiesenweg sowie den Bahnhofsweg zur Waldkapelle. Die nahe gelegene *Waldquelle* mit Restaurant, Café und Biergarten ist ein beliebtes Ausflugslokal. Von dort empfiehlt sich ein kurzer Abstecher zum *NaturTheater*, bevor der Rückweg über den Bahnhofsweg zur Touristinformation angetreten wird. *ps*

Die *KunstWandelhalle* im Bauhausstil ist Architekturerlebnis sowie Ausstellungs- und Veranstaltungsraum. Sie beherbergt das Bademuseum, die 1669 entdeckte Moritzquelle sowie Plastiken und Kunstschauen.

DIE WETTINQUELLE BEFINDET SICH IM KURPARK ///
SÄCHSISCHE STAATSBÄDER GMBH /// BADSTRASSE 47 ///
D-08648 BAD BRAMBACH /// 00 49 / 3 74 38 / 8 81 11 ///
WWW.SAECHSISCHE-STAATSBAEDER.DE ///

PENSION UND EISCAFÉ GRENZLAND /// BOSESTRASSE 22 ///
D-08648 BAD BRAMBACH /// 00 49 / 3 74 38 / 2 04 73 ///
WWW.PENSIONGRENZLAND.DE ///

VOM RADIUMBAD ZUM RADONBAD

Bad Brambach: Wettinquelle

64

Der Vogtländer kennt Bad Brambach vor allem durch Mineralwasser und andere alkoholfreie Getränke. Was zu DDR-Zeiten »Brambacher Sprudel« hieß, firmiert heute unter »Bad Brambacher Mineralquellen« in der Sprudelstraße. Der Kurort, der zusammen mit dem benachbarten Bad Elster zu den *Sächsischen Staatsbädern* gehört, hat jedoch mehr zu bieten.

Radon ist ein radioaktives Edelgas, das sich in unterschiedlicher Konzentration in der Erde sowie in der Luft befindet. In Bad Brambach sind die Quellen, die allesamt Mineralien, Kohlensäure und Radon aufweisen, seit über 100 Jahren für Heilzwecke anerkannt. Die Wettinquelle gilt als eine der stärksten Radonquellen der Welt und als stärkste, die für Kuren genutzt wird. Ihr Name geht auf das Hochadelsgeschlecht der Wettiner zurück, das durch die Brüder Albrecht und Ernst 1485 in Albertiner und Ernestiner geteilt wurde. 1912 stimmte der letzte sächsische König Friedrich August III., ein Spross der Albertinischen Linie, einer Umbenennung der »Neuen Quelle« in »Wettinquelle« zu. Dem wachsenden Badebetrieb stand nichts mehr im Wege, denn der Aufenthalt in Radonbädern, zuerst als Radiumbäder bezeichnet, war damals in Mode. Vom Heilwert waren auch die Sowjetsoldaten überzeugt, die Bad Brambach als Sanatoriumsort auserkoren hatten.

Der Kurort, der seit 1922 den Zusatz »Bad« trägt, hat sich das Motto »Vorbeugen ist besser als heilen« zu eigen gemacht. Die Therapieformen bei ambulanten oder stationären Aufenthalten, bei Kur- und Privatanwendungen sind vielfältig. Zu den Klassikern gehören unterschiedlich lange Radon-Kuren mit Wannenbädern, für die 250 Liter von 32–39 Grad warmem Thermalwasser benötigt werden. Die äußere Anwendung soll den Schmerz bei Rheuma, Gelenkbeschwerden oder Arthrosen lindern. Trinkkuren regen die Heilkräfte an und stärken das Immunsystem. Entspannen kann man in der Bade- und Saunalandschaft mit Blick in den historischen Kurpark. *ps*

Im Zentrum des Orts liegt die Pension *Grenzland* mit Eiscafé und eigener Konditorei. Auf der Veranstaltungsbühne im Haus finden Konzerte in Clubatmosphäre mit ausgewählten Musikern statt.

MUSEUM URANBERGBAU IM KULTURHAUS AKTIVIST /// BERGSTRASSE 22 /// D-08301 BAD SCHLEMA /// 00 49 / 37 71 / 29 02 23 /// WWW.URANERZBERGBAU.DE ///

ACTINON /// RICHARD-FRIEDRICH-STRASSE 7 /// D-08301 BAD SCHLEMA /// 00 49 / 37 71 / 21 55 00 /// WWW.BAD-SCHLEMA.DE ///

DEN KUMPELS EIN GESICHT GEBEN

65

Bad Schlema: Museum Uranbergbau

Wer das vom Uranerzbergbau gebeutelte Schlema kannte, den plagten sicher Zweifel, dass es je die Auferstehung des Radiumbades Oberschlema feiern kann. Jährlich 13.000 Kurgäste wurden vor knapp 100 Jahren gezählt. Die Vorbesprechungen zur Gründung der Auto Union als Vorläufer des Audi-Konzerns fanden 1931 hier statt. Inzwischen zweifelt niemand mehr. Die Gemeinde darf sich *Kurort Bad Schlema – Radonheilbad im Erzgebirge* nennen. Wie es dazu kam, erfahren Sie beim Besuch des Museums Uranbergbau im *Kulturhaus Aktivist.* In zwölf Ausstellungskomplexen ist die Geschichte des Ortes dargestellt, insbesondere der Zeitraum zwischen der Entdeckung der Radiumquellen bis zur Anerkennung als Kurbad nach der Wismut-Sanierung. Eine Schau mit 50 Mineralienstufen und 20 Gemälden aus dem Kunstfundus der Wismut GmbH wurde zur Traditionsstätte des sächsisch-thüringischen Uranerzbergbaus.

Museumsleiter Herrmann Meinel lässt die Exponate mit unglaublichen Geschichten lebendig werden. Er will nicht nur Maschinen, Steine, Zeichnungen, Brigadetagebücher, Urkunden und ein paar Wimpel ausstellen, sondern mit dem Museum früheren Wismut-Kumpels und Bewohnern der Bergbauorte ein Gesicht geben. Dazu gehört der Einwohner, der sein Haus wegen des Bergbaus verlor, genauso wie der ehemalige Bergmann, der infolge der radioaktiven Strahlung qualvoll starb, oder der Kumpel, der im Bergwerk sozialisiert wurde und noch heute die mit der Arbeit unter Tage zusammenhängenden Bräuche pflegt. Einige der ausgestellten Fotos entstanden in den frühen Jahren der Urangewinnung trotz strengsten Verbots der sowjetischen Militäradministration, die den Kurbetrieb 1946 zugunsten der Förderung des radioaktiven Elements einstellen ließ. Bergbau hat es in Schlema schon mit dem ersten Berggeschrey um 1450 gegeben. Den alten Markus-Semmler-Stollen in der Richard-Friedrich-Straße kann man heute teilweise als Besucherbergwerk besichtigen. *ps*

Vor oder nach dem Besuch des Museums können Sie sich in der Bad-, Sauna- und Wellnesslandschaft des Gesundheitsbades *ACTINON* verwöhnen lassen. Radon- und solehaltige Becken laden ein.

GASTSTÄTTE ZUM FÜLLORT /// BERGSTRASSE 22 ///
D-08301 BAD SCHLEMA /// 00 49 / 37 71 / 29 02 21 ///
WWW.KULTURHAUS-AKTIVIST.DE/FUELLORT ///

FUTTERN WIE DIE WISMUT-KUMPEL

Bad Schlema: Gaststätte »Zum Füllort«

66

Die Bergbautradition von Bad Schlema spiegelt sich auch in der Gastronomie wider. In der Gaststätte *Zum Füllort* lebt der Bergbau wieder auf. Essen war gestern, Erlebnisgastronomie ist heute. Für das authentische Flair des original wirkenden Bergbaustollens haben viele ehemalige Kumpel aus der Region gesorgt. Sie brachten Zeitzeugnisse aus 45 Jahren Wismut-Geschichte und Uranbergbau mit: Fotos, Schilder, Urkunden, Unikate. Den Löwenanteil am Umbau und an der Herstellung des Mobiliars übernahm der frühere Bergmann Ulrich Werk. Tische und Stühle entsprechen denen der Steigerstuben unter Tage. Die Räume stellen verschiedene Ausbauvarianten der Grubengänge dar. Da Bergmänner nach der schweren Arbeit froh über jeden Sonnenstrahl waren, ist auch ein Biergarten angegliedert. Dann verpasst man jedoch den Charme der Gaststuben.

Die Speisen tragen Namen, die mit dem Bergbau oder regionalen Besonderheiten zu tun haben. Der Floßgrabenteller mit gebratenem Forellenfilet erinnert an das Flößen von Holz. Fußlappen sind in Kloßteig gebackene Kasslerkammscheiben, hinter dem Tabaksbeutel verbergen sich Rinderrouladen. Der Arme Knappe begnügt sich mit Hackepeter. Von der Steigerplatte wären gestandene Bergmänner satt geworden, zumal dazu ein Glückauf-Deputat-Bier gereicht wird. Das hat deutlich weniger Prozente als der Wismut-Fusel von damals, den die Kumpel zusätzlich zum Lohn erhielten und der ein begehrtes Tauschmittel war. All diese Speisen sind jedoch nichts gegen die Nostalgiekarte mit Gerichten aus der Wismut-Kantine. Futtern Sie doch einmal wie die Kumpel von damals: Soljanka, Warmes Eckchen, Bauernomelette, Sülze, Rostbrätl, Steak mit Würzfleisch, Eisbein in Meerrettichsoße oder Schnitzel mit Bratkartoffeln … Falls Sie nicht wissen, was sich hinter dem einen oder anderen Namen verbirgt: Jeder »gelernte« DDR-Bürger kann Hilfe leisten. Diese Gerichte standen auch auf den Speisekarten anderer Restaurants. *ps*

☞ Die Gaststätte *Zum Füllort* befindet sich im *Kulturhaus Aktivist*, dem Tagungs- und Veranstaltungstempel in Bad Schlema. Hier ist auch der Ausgangspunkt für verschiedene Wanderungen.

WIESENBADER THERMAL-HEILKRÄUTER-ZENTRUM /// FREIBERGER STRASSE 33 /// D-09488 THERMALBAD WIESENBAD /// 00 49 / 37 33 / 5 04 11 99 /// WWW.WIESENBAD.DE ///

WIESENBADER KRÄUTERGARTEN /// AM KURPARK /// D-09488 THERMALBAD WIESENBAD ///

WILLKOMMEN IM DUNKELWALD

Thermalbad Wiesenbad: Thermal-Heilkräuter-Zentrum 67

Zwei Begriffe kennzeichnen das *Thermalbad Wiesenbad*: »Miriquidi« und »Heilkräuter«. »Miriquidi« bedeutet so viel wie dunkel oder finster. Der Geschichtsschreiber Thietmar von Merseburg bezeichnete das Erzgebirge und sein bewaldetes Vorland im frühen Mittelalter so. Jahrhundertelang aus der Mode gekommen, ist der Begriff »Dunkelwald« seit einiger Zeit wieder auf dem Vormarsch. Es gibt den *Stoneman* auf der Miriquidi-Mountainbike-Strecke und andere Wettbewerbe. Auch die Rehaklinik und die Therme, die direkt nebeneinanderliegen, tragen Miriquidi im Namen. Die Thermalbecken werden aus der Georgsquelle gespeist, die wegen entspannender und schmerzlindernder Wirkung für Trink- und Badekuren anerkannt ist.

Der Ortsname Wiesenbad ist geradezu prädestiniert für Kräuter, die im Schoße der Natur wachsen und die Wasserbehandlungen ergänzen. Das Wiesenbader Thermal-Heilkräuter-Zentrum wurde 2005 als innovatives Projekt gegründet. Es setzt auf die Wirkung von Kräutern und dient auch der Vorbeugung. Auf 1.500 Quadratmetern wachsen im Kräutergarten am Eingang des Kurparks etwa 200 verschiedene Heilpflanzen in neun Bereichen. Bei der Anwendung geht es quer durch den menschlichen Körper und durch alle medizinischen Spezialisierungen: Hautverletzungen, Entzündungen und Stauchungen; Leber- und Gallenbeschwerden; Nieren-, Blasen- und Harnwegserkrankungen; Rheuma und Gicht; Fieber, Erkältung und Atemwegsprobleme; Magen- und Darmbeschwerden; Frauenleiden; Herz-Kreislauf-Erkrankungen oder Nervenleiden, Unruhe und Schlafstörungen. Neben bekannten Kräutern wie Pfefferminze, Melisse, Salbei oder Thymian finden sich wassertreibende Hauhecheln, Hopfen gegen Unruhe und Angstzustände oder Ackerschachtelhalm mit blutreinigender Wirkung bei rheumatischen Beschwerden. Kräutergerichte kann man im Kurparkrestaurant genießen. Der Laden im gleichen Haus bietet Kräuterprodukte, das Kräuter-Kochstudio Kochkurse. *ps*

Wiesenbad hält Thermal-Kräuter-Wellnessangebote wie Kräuter-Massagen, Kräuter-Dampfbad oder Heu-Kräuter-Bad bereit.

NÄHERE INFORMATIONEN ÜBER ANNABERG ERTEILT DIE TOURIST-INFORMATION /// BUCHHOLZER STRASSE 2 /// D-09456 ANNABERG-BUCHHOLZ /// 00 49 / 37 33 / 1 94 33 /// WWW.ANNABERG-BUCHHOLZ.DE ///

VEREIN ALTBERGBAU »MARKUS-RÖHLING-STOLLN« FROHNAU /// BESUCHERBERGWERK /// SEHMATALSTRASSE 15 /// D-09456 ANNABERG-BUCHHOLZ/FROHNAU /// WWW.ROEHLING-STOLLN.DE ///

WAS BERGBAU UND WEIHNACHTEN VERBINDET

Ausflug: Annaberger Sehenswürdigkeiten

68

Ohne einen Besuch von Annaberg ist der Aufenthalt in den Kurbädern des mittleren Erzgebirges unvollkommen. Die Stadt steht für zwei Themen, die miteinander verbunden sind: Weihnachten und Bergbau.

1492 soll Daniel Knappe am Schreckenberg das erste Silber gefunden und damit das »Berggeschrey« ausgelöst haben, in dessen Folge die Stadt Annaberg entstand. Das Bildnis von Daniel Knappe schmückt den Bergaltar in der St. Annenkirche. Die vier Bildtafeln von Hans Hesse mit dem anschaulich dargestellten Prozess der Silbergewinnung und -verarbeitung befinden sich auf der Rückseite. Ins Bergwerk einfahren kann man gleich gegenüber vom markanten Eingangsportal der prächtigen Hallenkirche, die von großem Reichtum durch Silberbergbau zeugt. Dort befindet sich das Erzgebirgsmuseum mit dem Besucherbergwerk *Im Gößner*, dessen Schacht bei Arbeiten im Museumshof zufällig entdeckt wurde. Wer sich detaillierter mit dem Bergbau beschäftigen möchte, sollte den Markus-Röhling-Stolln am Fuße des mit 500 Kilometern Gängen durchzogenen Schreckenbergs im Ortsteil Frohnau besichtigen.

Bergbau, christlicher Glaube und Weihnachten gehören im Erzgebirge untrennbar zusammen. Deshalb zieren Bergbaumotive die traditionellen Weihnachtsartikel wie Schwibbogen, Pyramiden und Räuchermänner. Leuchter in Form von Bergmann und Engel wurden für die Bergleute und speziell für die letzte Schicht vor Weihnachten, die Mettenschicht, hergestellt. Als der Bergbau zum Erliegen kam, waren es oft die ehemaligen Grubenarbeiter, die sich der Holzkunst widmeten. Ausstellungen mit Weihnachtsschmuck findet man überall im Erzgebirge, zum Beispiel in der *Manufaktur der Träume*, die auch die Tourist-Information beherbergt. In der Bergkirche St. Marien am Ende des Marktplatzes sind die überdimensionalen Figuren des Krippenweges aufgestellt, an denen sechs Künstler 15 Jahre lang gearbeitet haben. Für einige der Figuren wie die erzgebirgischen Bergbeamten gibt es lebende Vorbilder. *ps*

Der Annaberger Weihnachtsmarkt ist einer der schönsten in Deutschland. Den Höhepunkt bildet die alljährliche Bergparade am vierten Advent.

SILBER-THERME IM KUR- UND GESUNDHEITSZENTRUM
WARMBAD WOLKENSTEIN /// AM KURPARK 3 ///
D-09429 WOLKENSTEIN-WARMBAD /// 00 49 / 3 73 69 / 1 51 15 ///
WWW.WARMBAD.DE /// WWW.THERMENREGION-ERZGEBIRGE.DE ///

SACHSENS ÄLTESTE UND WÄRMSTE QUELLE

Heilbad Warmbad: Silber-Therme

69

Die Entdeckung der 26,5 Grad warmen und damit wärmsten sächsischen Quelle geschah im 14. Jahrhundert zufällig bei Arbeiten im Silbererzbergbau. Damals war Warmbad als Ort noch nicht urkundlich erwähnt. Das kam erst 1484. Im Jahr 1293 jedoch hatte der Adlige Unarg von Wolkenstein dem Kloster Nimbschen bei Grimma schon den Bergzehnten von seinen Gruben in der Herrschaft Wolkenstein versprochen und so den Bergbau dokumentiert. Wen wundert es also, dass sich in Warmbad eine Rehabilitationsklinik der Knappschaft-Bahn-See angesiedelt hat, die vor allem für Berg-, Bahn- und Seeleute Kurbehandlungen anbietet. An den Bergbau, der die Region einst reich gemacht und ihren Bewohnern zu Lohn und Brot verholfen hat, erinnert auch der Name »Silber-Therme«. Mit ihrer Eröffnung im März 2000 wurden die Kur- und Gesundheitsangebote erweitert. Neben stationären Aufenthalten sind jetzt auch ambulante Kuren möglich. Den Wellnessbereich *Jungbrunnen* dürfen anders als auf Lucas Cranachs gleichnamigem Gemälde auch Männer in Anspruch nehmen. Die Therme lockt Tagesgäste an und bietet Gesundheitsurlaubern Abwechslung zur Bewegung an frischer Luft im mittleren Erzgebirge. Die Quelle eignet sich durch ihren hohen Mineralgehalt insbesondere bei Natriumhydrogencarbonat und Fluorid für Erkrankungen des Bewegungsapparates wie Osteoporose, bei urologischen Beschwerden und zur Karies-Prophylaxe. Alle Becken der *Silber-Therme* enthalten Thermalwasser aus der eigenen Quelle.

Die Thermalquelle in Warmbad wurde kurz nach ihrer Entdeckung eingefasst, ein erstes Badehaus entstand. Der sächsische Kurfürst Johann Georg II. ließ 1671 für seine Gemahlin Magdalena Sybilla ein Fürstenbad bauen. Zum Schutz der Quelle wurde zuvor der Bergbau im Umkreis von 300 Metern verboten. Das 19. Jahrhundert steht für den Wandel hin zum bürgerlichen Bad. Angenehmes mit Nützlichem verbanden die Brauer, die ihr mit Quellwasser gebrautes Bier Medizinaltrunk nannten. *ps*

☞ Thermalwasser sprudelt im Foyer der *Silber-Therme* und im Trinkpavillon im Kurpark. Für Trinkkuren muss das Heilwasser immer zum gleichen Zeitpunkt getrunken werden.

WOLKENSTEINER ZUGHOTEL /// AM BAHNSTEIG 10 ///
D-09429 WOLKENSTEIN /// 00 49 / 3 73 69 / 8 87 81 ///
WWW.WOLKENSTEINER-ZUGHOTEL.DE ///

NÄHERE INFORMATIONEN ZUR MUSEUMSBAHN ERTEILT DIE
INTERESSENGEMEINSCHAFT PRESSNITZTALBAHN /// AM BAHNHOF 78 ///
D-09477 JÖHSTADT /// 00 49 / 3 73 43 / 80 80 37 ///
WWW.PRESSNITZTALBAHN.DE ///

SCHLAFEN WIE DIE PRÄSIDENTEN

Heilbad Warmbad: Wolkensteiner Zughotel

70

Wenn man von Annaberg aus über die Bundesstraße 101 oder mit der Erzgebirgsbahn in den Wolkensteiner Ortsteil Warmbad reist, entdeckt man am Bahnhof Wolkenstein unterhalb des Schlossfelsens mehrere Züge, die sich nicht von der Stelle rühren: das Wolkensteiner Zughotel.

Die Übernachtungen sind bei Freunden der Schienenfahrzeuge und bei Nostalgikern beliebt, weniger bei Menschen, die Komfort und Luxus suchen. Über das Schlafwagenniveau sollte man sich im Klaren sein, auch über die Hellhörigkeit der einzelnen Abteile. Am nobelsten ist die Suite für bis zu vier Personen im Regierungswagen, der dazu noch drei Zweite-Klasse-Abteile bereithält. Für Eisenbahnromantiker eignen sich die Abteile im Schlafwagen der ersten Klasse, während Paaren und Familien in den Zügen Ferienwohnungen mit Aufenthaltsraum und kleiner Küche für zwei bis acht Personen zur Verfügung stehen. Frühstücken kann man im roten Salonwagen. Er beherbergt ein Restaurant, das bodenständige Gerichte aus erzgebirgischer oder sächsischer Tradition anbietet, die an Zweier- oder Vierertischen serviert werden. Während ich auf meine heiße Schokolade warte, sehe ich der Modelleisenbahn zu, die über meinem Kopf ihre Runden dreht. Ich betrachte die Einrichtung mit ihren schweren Vorhängen und den antiquierten Quasten. Die Bahntoilette ist Pflicht, egal ob mit oder ohne Bedürfnis. Auch ein Selfie mit der etwas steifen, weil künstlichen Schaffnerimitation am Eingang ist möglich, ganz ohne Furcht vor der Datenschutzpolizei. Draußen auf den Gleisen warten eine Terrasse und ein Imbiss, mit dem alles angefangen hat. Im ehemaligen Bahnhof Wolkenstein befinden sich Wohn- und Geschäftseinheiten, das Büro des Zughotels und das Nostalgie-Café *Alter Bahnmeister.*

Von hier aus bieten sich Ausflüge in die Umgebung an, zum Beispiel zum Schloss Wolkenstein, einer Burg-Schloss-Anlage mit Museum, Trauzimmer und dem Erlebnisgasthaus *Zum Grenadier*. *ps*

Wer richtig nostalgisch Eisenbahn fahren will, kann das mit der Preßnitztalbahn tun, die zwar nicht mehr ab Wolkenstein fährt, aber noch als Museumsbahn von Steinbach nach Jöhstadt.

KUR- UND FREIZEITBAD RIFF /// AM RIFF 3 /// D-04651 BAD LAUSICK ///
00 49 / 3 43 45 / 71 50 /// WWW.FREIZEITBAD-RIFF.DE ///

NÄHERE INFORMATIONEN ÜBER DAS KRIMI-GEOCACHING ERTEILT
QUERFELDEINS /// FLEHERWEG 87 /// D-45279 ESSEN ///
00 49 / 2 01 / 8 57 95 00 /// WWW.QUERFELDEINS.ORG ///

AUF DEM REIFEN INS VERGNÜGEN

Bad Lausick: Kur- und Freizeitbad RIFF

71

Bei Bad Lausick denke ich zuerst an die blauen Flecken, die ich mir 1996 dank meiner Ungeschicklichkeit bei meinem ersten Rutscherlebnis auf der *Crazy River Reifenrutsche* im *Kur- und Freizeitbad RIFF* geholt habe. Die sind inzwischen längst vornehmer Blässe gewichen und die »Blaue Lagune« im Herzen Sachsens hat sich seitdem ganz schön gemausert. Dabei war die Röhrenrutsche mit ihren zwei Haltestopps auf 125 Metern und die Riesenrutsche mit 118 Metern schon damals beachtlich.

Das *RIFF* ist gleichzeitig Freizeitvergnügen und Kureinrichtung, denn Bad Lausick besitzt schon seit 1913 den Status einer Kurstadt. Beim Braunkohleabbau wurde 1820 eine Heilquelle gefunden, die das Bad teilweise mit Thermalwasser speist. Das Kurschwimmbecken ist mit Strömungskanal, Bodensprudler und Massagedüsen ausgestattet, die zu festen Zeiten angeschaltet werden. Wer über den Ausschwimmkanal zu den Außenbecken gelangt, findet dort Luftperlbänke für die Unterwassermassage und Nackenduschen. Irgendeine Attraktion ist immer in Betrieb und wer will, kann von einer zur anderen wechseln und so den ganzen Körper massieren lassen oder anderweitig Spaß haben. Sportbegeisterte werden sich über das 25 Meter lange Becken freuen, in dem sie ihre Bahnen ziehen können. Hier finden auch Schwimmkurse statt – ein Muss für kleine Wasserratten, denn jeder sollte schwimmen lernen. Auf kleinere Kinder wartet ein Planschbecken, der Wasserspielplatz reizt hingegen auch die Junggebliebenen zu Wasserduellen. In der Spaßpyramide kann man sich von drei oder fünf Metern Höhe ins vier Meter tiefe Sprungbecken stürzen, wo auch Tauchkurse angeboten werden. Die Schilder zum *Kur- und Freizeitbad RIFF* sind leicht zu übersehen. Achten Sie auf die gläserne Pyramide.

Bad Lausick wartet mit Kurklinik und Kurhaus auf, zu einem Spaziergang laden der Kurpark und ein Kurviertel mit Villen im Jugendstil ein. Der Thermalwasserbrunnen Aqua Vitales im Badfoyer ist auch Station für Geocacher. *ps*

Entdecken Sie den Ort beim Krimi Geocaching. In Ermittlerteams lösen Sie in drei Stunden einen Kriminalfall. Bestens für Familien- und Firmenausflüge oder Junggesellenabschiede geeignet.

DIE ST. KILIANSKIRCHE BAD LAUSICK LIEGT NEBEN DEM EVANGELISCH-LUTHERISCHEN PFARRAMT /// STRASSE DER EINHEIT 27 /// D-04651 BAD LAUSICK /// 00 49 / 3 43 45 / 2 23 33 /// WWW.ST-KILIAN-KIRCHE.DE /// WWW.KIRCHE-BADLAUSICK.DE ///

KUR- UND STADTMUSEUM BAD LAUSICK /// STRASSE DER EINHEIT 19 /// D-04651 BAD LAUSICK /// 00 49 / 3 43 45 / 5 29 71 /// WWW.MUSEUM-BAD-LAUSICK.DE ///

ST. KILIAN, SILBERMANN, TRAMPELI, EULE

Bad Lausick: St. Kilianskirche

72

Es sind große Namen, die die St. Kilianskirche in Bad Lausick vereint: St. Kilian, nach dem die Kirche benannt ist, und die bedeutenden sächsischen Orgelbauer Gottfried Silbermann, Johann Gottlob Trampeli sowie Hermann Eule. Als die Franken um 1080 in der ursprünglich slawischen Region südlich von Leipzig siedelten, brachten sie ihren Schutzpatron mit – den heiligen Kilian, einen Wanderbischof, der um 689 in Würzburg gestorben sein soll. Der Name Silbermann steht für die wichtigsten Orgelneubauten des Barock. Die Gottfried-Silbermann-Gesellschaft mit Sitz in Freiberg pflegt sein Erbe mit verschiedenen Projekten. Johann Gottlob Trampeli gilt als bedeutendster Spross der vogtländischen Orgelbauerfamilie Trampeli aus Adorf und die Firma Eule in Bautzen blickt auf fast 150 Jahre Firmentradition zurück.

Die evangelisch-lutherische Kirche ist das älteste Gebäude im Ort und die älteste Pfeilerbasilika Sachsens. Die romanische Kirche wird auf das Jahr 1105 datiert. Sie erhielt im 16. Jahrhundert einen Kirchturm, der im 18. Jahrhundert ersetzt wurde. Mehrfach wurde die Kirche umgebaut und im Inneren neu gestaltet. Die Orgel hat eine noch wechselvollere Geschichte hinter sich. Sie wurde 1722 von Gottfried Silbermann für die Johanniskirche in Chemnitz geschaffen. 50 Jahre später zog diese Kirche in einen Neubau. Die Orgel bekam von Johann Gottlob Trampeli 1791 ein zweites Manual. Den Chemnitzern reichte das offenbar nicht, denn sie verkauften das Instrument Ende des 19. Jahrhunderts nach Auligk. Von dort wurde es 1957 an die St. Kilianskirche weitergereicht. Den Nachfolgern des sächsischen Orgelbauers Hermann Eule aus Bautzen ist es zu verdanken, dass die Orgel wieder nahezu in der originalen Stimmung erklingt. Überzeugen Sie sich davon bei einem Konzert. Auch sonst lohnt sich ein Besuch der Kirche. Finden Sie heraus, was es mit der Sage um die Kirchenglocken auf sich hat. *ps*

Nicht weit von der Kirche entfernt befindet sich in einem denkmalgerecht sanierten Bürgerhaus das Kur- und Stadtmuseum Bad Lausick. Es zeigt Exponate zur Stadt-, Bad- und Kurgeschichte.

INFORMATIONEN ZUM LEIPZIGER NEUSEENLAND ERTEILT DIE LEIPZIGSEEN GMBH /// SEESTRASSE 1 /// D-04207 LEIPZIG /// 00 49 / 3 41 / 71 07 70 /// WWW.LEIPZIGSEEN.DE ///

FREIZEITPARK BELANTIS /// ZUR WEISSEN MARK 1 /// D-04249 LEIPZIG /// 00 49 / 3 41 / 91 03 33 33 /// WWW.BELANTIS.DE ///

ROLLER- UND SPORTGERÄTEVERMIETUNG /// COSPUDENER SEE /// HAFENSTRASSE 23 (PIER 1) /// D-04416 MARKKLEEBERG IN LEIPZIG /// 00 49 / 1 52 / 29 24 45 35 /// WWW.TRETMOBILE.COM ///

DAS SAGENHAFTE VINETA IST AUFERSTANDEN

Ausflug: Leipziger Neuseenland

73

Wer in der Gegend um Leipzig groß geworden ist oder dort zu tun hatte, erinnert sich an rauchende Schlote, riesige Abraumflächen, schmutzige Brikettfabriken und an Orte, die dem Braunkohletagebau weichen mussten. So wie Magdeborn, ein Dorfzusammenschluss, dessen Einwohner umgesiedelt wurden. Mit ihnen verschwanden markante Bauwerke wie die Magdeborner Kirche. Das heißt: nicht ganz. Die über dem ehemaligen Magdeborner Kirchturm verankerte Schwimminsel VINETA auf dem Störmthaler See symbolisiert die verlorene Kirche und ist Mahnmal für die durch Braunkohleabbau zerstörten Orte. Das mit 15 Metern Traufhöhe zurzeit höchste schwimmende Bauwerk auf einem deutschen See erinnert an den Sakralbau auf dem Berg der Seligpreisung am See Genezareth.

Von Bad Lausick ist es nicht weit zu dieser Seenlandschaft mit ihren Freizeitangeboten wie Wander- und Radwegen, Fahrgastschifffahrt, Wassersportmöglichkeiten, Spielplätzen, dem Freizeitpark BELANTIS oder Ausstellungen, Veranstaltungsbühnen, Gastronomie und einem Bergbau-Technikpark mit Großgeräten wie dem 1.300 Tonnen schweren Schaufelradbagger. Der Störmthaler See gehört zum Neuseenland im Süden von Leipzig, genau wie der Cospudener See, der Zwenkauer See, der Hainer See, der Markleeberger See und einige andere. Nachdem infolge des politischen Umschwungs und der Energiewende die einstige Tagebaulandschaft immer mehr an Bedeutung verlor, wurden Konzepte für die Nachnutzung schrittweise umgesetzt. Durch Flüsse, Kanäle und Schleusen erhält die Seenplatte Anschluss an die Leipziger Wasserstraßen.

Um den Cospudener See führt ein kombinierter Rad- und Wanderweg, der auch bis zu BELANTIS führt. Das Abenteuerreich entstand als größter ostdeutscher Freizeitpark auf der Fläche des ehemaligen Tagebaus Zwenkau. Wo einst Braunkohle gefördert wurde, steht heute Europas größte Pyramide, Indianer laden ins Apachendorf ein, Fahrgeschäfte erinnern an Götter wie Zeus, Athene und Poseidon. *ps*

Leihen Sie am Cospudener See Fahrräder, Roller, Tretmobile für die ganze Familie, Waveboards oder lustige Reittiere wie Einhorn oder Tiger aus. Es gibt sogar Hochräder.

NÄHERE INFORMATIONEN ZUM FÜRST-PÜCKLER-PARK ERTEILT DIE STIFTUNG FÜRST-PÜCKLER-PARK BAD MUSKAU /// TOURISMUSZENTRUM MUSKAUER PARK /// NEUES SCHLOSS /// D-02953 BAD MUSKAU /// 00 49 / 3 57 71 / 6 31 00 /// WWW.MUSKAUER-PARK.DE ///

BAD MUSKAU TOURISTIK /// KIRCHPLATZ 5 /// D-02953 BAD MUSKAU /// 00 49 / 3 57 71 / 5 04 92 /// WWW.MUSKAU.INFO ///

EIN MEISTERWERK DER GARTENKUNST

Bad Muskau: Fürst-Pückler-Park

74

Der Name Fürst Pückler erinnert an die Kinderzeit, den zarten Schmelz des Halbgefrorenen auf der Zunge, den Geschmack von Schokolade, Erdbeere und Vanille – einzeln oder gleichzeitig und nie genug. Hermann Ludwig Heinrich von Pückler-Muskau (1785–1871) gab es wirklich. Er hatte jedoch noch andere Verdienste, als der Namensgeber für Eis zu sein. Das wird spätestens bei einem Besuch in Bad Muskau klar, wo sich der Fürst als Landschaftskünstler ausgetobt hat. Mit dem größten europäischen Landschaftspark im englischen Stil hat er sich ein Denkmal gesetzt. 830 Hektar und damit die Fläche von über 1160 Fußballfeldern umfasst der länderübergreifende Muskauer Park. 2004 wurde er zum UNESCO-Weltkulturerbe erklärt. Zwei Drittel des Parks liegen in Polen, das schönste Drittel hingegen in Deutschland. Die beiden Teile sind getrennt durch den Grenzfluss Neiße und verbunden durch zwei Brücken, über die man dank Schengener Abkommen problemlos hin und her wechseln kann.

Der Park ist zu jeder Jahreszeit eine Attraktion. Im Frühling lockt das frische Grün, im Sommer sind es die lauschigen Plätze, die Schatten spenden. Der Herbst legt seine bunte Farbpalette über das Areal. Im Winter ist man mit etwas Glück allein unterwegs und hat dank der entlaubten Gehölze freiere Ausblicke als sonst. Pückler ließ sich bei Studienaufenthalten von englischen Vorbildern inspirieren und entwickelte auch durch die Arbeiten am Muskauer Park einen eigenen Stil. Nicht die strengen französischen Formen wie im Barockgarten sollten es sein, sondern Abwechslung, die Einbeziehung der vorhandenen Landschaft, großzügige Wege und Wasserläufe. Der Künstler selbst bezeichnete sein Werk als Malerei. Seine Farben waren Bäume und Sträucher, Berge und Flüsse, Wege und Pfade, die auf harmonische Weise und trotzdem immer wieder überraschend zusammengefügt wurden. Man braucht eine Weile, um alles zu entdecken. Mit nur einem Gang durch den Park ist es nicht getan. *ps*

Der Gartenkünstler Fürst Pückler wird in der Dauerausstellung und in wechselnden Sonderausstellungen im Neuen Schloss am Schlossteich auch als Abenteurer, Schriftsteller und Lebemann beleuchtet.

GEOPARK MUSKAUER FALTENBOGEN /// GESCHÄFTSSTELLE ///
MUSKAUER STRASSE 14 /// D-03159 DÖBERN ///
00 49 / 3 56 00 / 36 87 12 ODER 00 49 / 1 74 / 6 02 82 89 ///
WWW.MUSKAUER-FALTENBOGEN.DE ///
ERSCHLIESSEN SIE SICH DEN PARK MIT DER WALDEISENBAHN MUSKAU,
DIE FAHRTEN BEGINNEN AM BAHNHOF WEISSWASSER – TEICHSTRASSE.
WEITERE INFORMATIONEN ERTEILT DIE WALDEISENBAHN MUSKAU ///
JAHNSTRASSE 5 /// D-02943 WEISSWASSER ///
00 49 / 35 76 / 20 74 72 /// WWW.WALDEISENBAHN.DE ///

FALTEN ZIEHEN MAGISCH AN

Bad Muskau: Geopark Muskauer Faltenbogen 75

Gegen Falten werden oft Wundermittel angepriesen. Diese benötigt die Region um den Kurort Bad Muskau nicht. Der Muskauer Faltenbogen, eigentlich *UNESCO Global Geopark Muskauer Faltenbogen/ Łuk Mużakowa*, ist ein Wunder. Hier hat die Natur ihre zauberhafte Energie entfaltet und der Landschaft vor etwa 450.000 Jahren einen hufeisenförmigen Abdruck verpasst. Eine Eiszunge des Elster-Eises stieß in die Gegend vor und veränderte durch ihren Druck auf einer Fläche von etwa 170 Quadratkilometern im heutigen Länderdreieck Brandenburg – Sachsen – Polen den Untergrund.

Egal, ob Sie sich für Natur, Kultur, Eisenbahn, Bergbau oder Geologie interessieren, ob Sie wandern, Rad fahren, Museen oder eine Grube besichtigen wollen – der Muskauer Faltenbogen hält mehrere Angebote für Sie bereit. Das *Alte Babina Bergwerk* ist eine grenzübergreifende geotouristische Route, die rostrote oder azurblaue Tagebaurestseen, bizarre Felsen, Vorkommen von Lehm und Glassand oder eine Moräne streift. Für Radfahrer werden Themenrouten zu Altbergbau, Geologie oder Glas angeboten. Durch die Region verläuft auch der Oder-Neiße-Radweg, dessen vierte Etappe von Bad Muskau zum Infozentrum des Geoparks in Jerischke und weiter bis Guben führt.

Die Waldeisenbahn Muskau verkehrt zwischen dem Kurort und Weißwasser oder Weißwasser und Kromlau. Letztere Strecke lockt mit dem Rhododendronpark und seiner Rakotzbrücke. Die Züge der Museumsbahn fahren sowohl mit Diesel- als auch mit Dampflok, hauptsächlich von Ostern bis Ende Oktober. Nach seiner Stilllegung um 1868 rekultivierte der Park- und Garteninspektor sowie Pückler-Nachfolger Eduard Petzold ein 300 Jahre altes Alaunbergwerk und verband so Schloss- und Bergpark. Nur sechs solcher UNESCO-Geoparks gibt es zurzeit in Deutschland, neben dem Muskauer Faltenbogen zum Beispiel die Vulkaneifel, ein Stück Teutoburger Wald und die Schwäbische Alb. *ps*

An der Landstraße von Muskau nach Döbern fällt die 18 Meter hohe Pyramide *Cristalica* auf. Hier können Sie Glas im Glashaus kaufen und sich für Fabrikführungen oder Glasmacher-Workshops anmelden.

INFORMATIONEN ZU STRITTMATTERS LADEN ERTEILT DER ERWIN-STRITTMATTER-VEREIN /// DORFSTRASSE 35 /// D-03130 FELIXSEE-BOHSDORF /// 00 49 / 3 56 98 / 2 21 /// WWW.STRITTMATTER-VEREIN.DE ///

WANDELN AN DEN ORIGINALSCHAUPLÄTZEN

Bad Muskau: Strittmatters Laden in Bohsdorf

76

Wer in der DDR großgeworden ist, kennt sie alle: Esau Matt, Tinko, Ilonka, die alte Dorfschmiede, den Friseur und Bossdom, das Heidedorf in der Niederlausitz, das eigentlich Bohsdorf heißt. In seiner Romantrilogie *Der Laden* lässt der Schriftsteller Erwin Strittmatter (1912–1994) Dichtung und Wahrheit verschmelzen. 1914 zogen die Eltern von Spremberg nach Bohsdorf, um dort einen Kolonialwarenladen mit Backstube zu übernehmen. Hier wuchs der junge Strittmatter auf und ging zur Schule. Hier entdeckte ein Lehrer sein Schreibtalent. Hier war ein Teil seiner Romanhelden zuhause. Und hier steht er, der Laden, dem Strittmatter mit der zwischen 1983 und 1992 verfassten Beschreibung des Dorflebens ab dem Ersten Weltkrieg bis zum DDR-Alltag ein bleibendes Denkmal gesetzt hat. Die dreiteilige Verfilmung von Jo Baier aus dem Jahr 1998 erhielt den Adolf-Grimme-Preis, den Deutschen Fernsehpreis und andere Auszeichnungen.

Bohsdorf liegt im Muskauer Faltenbogen und gehört zur Gemeinde Felixsee. Der Strittmattersche Laden ist für den Literaturfreund Pflicht. 1950 übernahm der Konsum das Gebäude. Die Räume wurden später als Gemeindebüro, Poststelle, Mehrzweckraum oder Schlafzimmer genutzt. Seit 1999 kann der Laden dank des Erwin-Strittmatter-Vereins als Gedenkstätte besichtigt werden.

Ein Rundwanderweg führt durch Strittmatters Bossdom und zu den Schauplätzen der Familien-Saga. An den wesentlichen Handlungsorten sind Tafeln angebracht, zum Beispiel auf dem Grundstück der früheren Gutsarbeiterkate, die wie einige andere Gebäude nicht mehr steht. Gegenüber vom Laden befindet sich Sastupeits Müllerei und Bäckerei, einst die Konkurrenz und gleichzeitig das Elternhaus von Freunden des jungen Erwin. Die Route ist mit einem geschwungenen »S« im Kreis auf rotbraunen Wegweisern gekennzeichnet. Noch mehr Originalschauplätze finden Sie an der Märkischen Dichterstraße, die durch Strittmatters Geburtsort Spremberg führt. *ps*

Von Bohsdorf ist es ein Katzensprung zum 36 Meter hohen Aussichtsturm am Felixsee. Nach 160 Stufen werden Sie mit einem Blick auf das azurblaue Gewässer der früheren Grube *Felix* belohnt.

INFORMATIONEN ZUM ERLICHTHOF RIETSCHEN SIND ERHÄLTLICH BEI DER NATUR- UND TOURISTINFORMATION ERLICHTHOF RIETSCHEN /// TURNERWEG 6 /// D-02956 RIETSCHEN /// 00 49 / 3 57 72 / 4 02 35 /// WWW.ERLICHTHOFSIEDLUNG.DE ///

KONTAKTBÜRO WÖLFE IN SACHSEN /// AM ERLICHTHOF 15 /// D-02956 RIETSCHEN /// 00 49 / 03 57 72 / 4 67 62 /// WWW.WOLF-SACHSEN.DE ///

DER WOLF IST TOT, ES LEBE DER WOLF

Ausflug: Erlichthof Rietschen

77

Am Wolf scheiden sich die Geister. Die einen lieben ihn und loben seine Tätigkeit als Gesundheitspolizist in Wald und Flur. Die anderen würden den verschrienen Viehdieb am liebsten zur Hölle schicken oder zumindest mit Wackersteinen im Brunnen versenken wie im Märchen der Brüder Grimm. Das Kontaktbüro *Wölfe* im Erlichthof Rietschen versucht, sich dem Thema unaufgeregt zu nähern, als Meldestelle für Sichtungen, Spuren, Risse. Die Mitarbeiter bieten Vorträge und Exkursionen ins Wolfsgebiet an, wobei keine Wolfssichtung garantiert wird. Eine Ausstellung in der Wolfsscheune informiert über Wölfe in der Lausitz.

Workshops, Feste, Wanderungen, Ausflüge, Auftritte und Fortbildungen locken Einzelreisende, Familien oder Gruppen auf den Erlichthof Rietschen. Sachkundige Auskunft gibt es in der Natur- und Touristinformation. Im Museumsgehöft kann man in die Geschichte eintauchen, Kulturangebote hält die Theaterscheune bereit. Im Atelier *Glas-Ton Art*, in der Keramik-Scheune und im Webhaus dreht sich alles um Handwerkskunst. In der Bäckerei *Höfchen* können Sie dem Bäcker über die Schulter schauen oder einen Kaffee genießen. Gastronomische Erlebnisse bieten auch das Scheunencafé oder die Gaststätte und Pension *Forsthaus*, wo Übernachtungen in Zimmern, Ferienhäusern und Ferienwohnungen möglich sind. Im *Auszeit-Idyll* mit Wellnessangeboten, Kosmetikbehandlung und Yogakursen sowie zwei Ferienwohnungen können Sie die Seele baumeln lassen. Zimmer finden Sie auch im *SchokoLaden*-Haus oder im Hofladen mit Schauküche. Auf keinen Fall sollten Sie den Erlichthof ohne Einkauf im Natur- und im Hofladen verlassen.

Der Erlichthof ist ein architektonisches Ensemble, das ab 1990 als typisches Heidedorf entstand. Dafür wurden Schrotholz-Häuser aus der Region umgesetzt oder neu gebaut. Schroten nennt man das kantige Behauen der Stämme, die mehrere Jahre vor dem Fällen ausgewählt und auf ihre Verwendung vorbereitet werden. *ps*

Der Erlichthof befindet sich im Biosphärenreservat Oberlausitzer Heide- und Teichlandschaft und eignet sich wunderbar als Ausgangspunkt für Rad-, Boots- und Wandertouren.

DIE FRANZL-PLASTIK BEFINDET SICH IM KURPARK FRANZENSBAD GEGENÜBER VOM INFOCENTRUM FRANTIŠKOVY LÁZNE /// MÁCHOVA 8 /// CZ-35101 FRANTIŠKOVY LÁZNE (FRANZENSBAD) /// 0 04 20 / 7 78 73 62 98 /// WWW.FRANTISKOVY-LAZNE.INFO/DE ///

DER KLEINE JUNGE MIT DEM FISCH

Franzensbad: Franzl-Plastik

78

Kurz nach dem Zweiten Weltkrieg wollte ein Herr Škarda, seines Zeichens Fotograf in Franzensbad, einer Plastik im Kurpark zu Berühmtheit verhelfen. Der kleine Junge mit dem Fisch in den Händen, ein Werk des ortsansässigen Bildhauers Adolph Mayerl, stand seit 1924 dort. Damals hieß er *Bube*, wegen des Fischs als Fruchtbarkeitssymbol und der Nähe zur sogenannten Bubenquelle. Der Säuerling sollte bei Frauenleiden helfen. Herr Škarda setzte das Gerücht in die Welt, dass Frauen den großen Zeh des linken Fußes berühren müssen, damit sie schwanger werden und nach neun Monaten einem Jungen das Leben schenken. Ob es immer Buben wurden, ist nicht überliefert. Der Fotograf war bei der Damenwelt gefragt, die sich gern mit der Plastik ablichten ließ. So hatte er auch keine Mühe, seinen Marketinggag unter die Menschen zu bringen. Wie von Geisterhand zauberte sich ein Lächeln oder ein Hauch Röte ins Gesicht der Damen, wenn der Mann hinter der Linse den zu erwartenden Erfolg mit ernster Miene verkündete.

Franzl hat eine wechselvolle Geschichte. In den 1960er-Jahren wurden dem Fotografen statt Dankbarkeit für die Popularität seltsame Denkweisen unterstellt. Das Original verschwand aus dem Park. Eine Statue von Mutter und Kind folgte, doch mit der mochten sich weder Franzensbader noch ihre Gäste fotografieren lassen, weshalb der echte Franzl manchmal auf dem Handwagen zu Fotoshootings befördert wurde. Der neue Franzl fiel genauso durch wie die Mutter. Heute steht Franzl III im Park und Franzl I, der unter den vielen Berührungen gelitten hat, im Museum.

Die Plastik ist berühmter als ihr Namenspate und Badgründer Kaiser Franz. Besucher nehmen es mit der Legende nicht mehr so genau, denn selbst an der Nase sieht man Abnutzungsspuren. Natürlich konnte auch ich mir nicht verkneifen, den Fuß zu streicheln und mich mit Franzl fotografieren zu lassen, auch wenn ich dem gebärfähigen Alter längst entwachsen bin. Die Legende lebt. *ps*

Im Kurpark stehen sehr viele Plastiken, die einen Blick wert sind. Im Restaurant des Casinos speist man über dem größten Bodenaquarium Europas. In 77.000 Liter Süßwasser schwimmen rund 100 Koi-Karpfen.

**QUELLEN IN DER GLAUBERHALLE /// CHEBSKÁ ///
CZ-35101 FRANTIŠKOVY LÁZNE (FRANZENSBAD) ///**

**WEITERE QUELLEN SPRUDELN IN DER GANZEN STADT,
NÄHERE INFORMATIONEN ERTEILT DIE BAD FRANZENSBAD AG ///
JIRÁSKOVA 3 /// CZ-35101 FRANTIŠKOVY LÁZNE (FRANZENSBAD) ///
0 04 20 / 3 51 01 23 45 /// WWW.FRANTISKOVYLAZNE.CZ/DE ///**

TRINKKUR NACH KAISERART

Franzensbad: Die Quellen

79

24 Quellen stehen in Franzensbad für die innere und äußere Anwendung zur Verfügung. Zehn davon sind ausschließlich für Trinkkuren geeignet. Alle haben einen unterschiedlichen Gehalt an Kohlendioxid und Mineralien. Jede läuft anders. Bei einigen muss man viel Geduld mitbringen wie bei der Quelle Glauber IV, aus der nicht einmal ein Liter pro Minute rinnt. Die Franzensquelle als die zuerst entdeckte Quelle im Ort bringt gut das Dreizehnfache. Zu den Heilanzeigen gehören gynäkologische und onkologische Diagnosen sowie Erkrankungen des Stütz- und Bewegungsapparates und des Kreislaufsystems. Der Trinkkannenkult ist in Franzensbad nicht so weit entwickelt wie in Karlsbad, deshalb empfiehlt es sich, einen Becher dabei zu haben.

Franzensbad ist eine Tourismusregion im Böhmischen Bäderdreieck, die der deutschen Grenze am nächsten liegt. Der Ort besticht durch gepflegte Bäderarchitektur in Schönbrunner-Gelb und erinnert an das Wien der Kaiserzeit. Biedermeier, Klassizismus, Neobarock – viel mehr gibt es nicht, von ein paar leerstehenden realsozialistischen Ausrutschern abgesehen. Beim Spaziergang überkommt mich das Gefühl, als sei hier die Zeit des ausklingenden 18. und beginnenden 19. Jahrhunderts stehengeblieben. Auch die Quellen befinden sich mehrheitlich in architektonisch bemerkenswerten Pavillons und Gebäuden. Zwei der vier Glauberquellen, Glauber III und IV, entspringen unweit der Franzl-Plastik in der lichtdurchfluteten Glauberhalle, die einem griechischen Tempel gleicht. Das Ambiente sowie die Bewegung von einer Quelle zur nächsten unterstützen den Kurerfolg mit Sicherheit.

Neben stationären sowie ambulanten Kuren stehen Aktivprogramme und Entspannungsprozeduren hoch im Kurs der Gäste, von denen viele aus Deutschland anreisen. In den Gaststätten, in Parks und auf der Flaniermeile – überall wird Deutsch gesprochen. »Quelle« heißt auf Tschechisch übrigens »Pramen«. *ps*

Südlich von Franzensbad liegt der Kammerbühl, bekannt durch die Erforschung seismologischer Aktivitäten. Die Schwarmbeben treten häufiger auf und sind auch im Vogtland spürbar.

INFORMATIONEN ZUM NATURSCHUTZGEBIET ERTEILT AUCH CAMPING AMERIKA /// JEZERNÍ 151/8A /// CZ-35101 FRANTIŠKOVY LÁZNE (FRANZENSBAD) /// 0 04 20 / 3 54 59 73 90 /// WWW.CAMPING-AMERIKA.EU/DE ///

AQUAFORUM /// 5. KVETNA 19 /// CZ-35101 FRANTIŠKOVY LÁZNE (FRANZENSBAD) /// 0 04 20 / 3 54 20 65 00 /// WWW.AQUAFORUM-FRANTISKOVYLAZNE.CZ/DE ///

VON AMERIKA NACH MILANO

Franzensbad: Naturschutzgebiet und Camping Amerika 80

In den böhmischen Kurbädern kann man mondän in historischen Hotels, normal in Pensionen und Fremdenzimmern oder rustikal wohnen. Letzteres bietet *Camping Amerika*, ein Wohnwagen-, Zelt- und Holzcottage-Standort am Stadtrand von Franzensbad. Der Campingplatz liegt im Naturschutzgebiet Amerika an einem See, der mit einem Steg für Vogelbeobachtungen ausgestattet ist. Im Sommer kann man Boot fahren und im Naturbad baden. In der Nähe befinden sich weitere touristische Einrichtungen wie der *Lesopark Amerika* mit Mini-Zoo sowie ein Spielplatz, ein Gymnastikplatz für alle Generationen und ein Naturlehrpfad. Von Amerika kommt man zu Fuß nach Milano. Auch Skater dürfen den asphaltierten Weg nutzen, der mitten durch den Kurpark bis zum Café *Milano* und zum Spiegelkabinett *Mirror* führt. Diese Strecke nimmt auch der Minizug. Mit ihm können die gut zwei Kilometer bequem zurückgelegt werden. Ich habe auch Radfahrer gesehen, weiß jedoch nicht, ob sie ganz legal unterwegs waren. Spaziergänger nutzen den Weg gern für einen Ausflug vom schmucken Kurzentrum zum naturnahen Ortsteil Amerika oder zurück.

Einen Stellplatz oder ein Cottage von *Camping Amerika* kann man im Internet buchen, direkt beim Anbieter oder über die üblichen Plattformen. Die gepflegte Anlage ist in der Regel von April bis Oktober geöffnet. Als ich zuletzt dort war, wurde gerade alles fit für die Saison gemacht. Auf der Seeseite über die Straße herrschte himmlische Ruhe, nur von Balzrufen einiger Vögel und einem Froschkonzert durchbrochen. Wer mehr Naturgeräusche hören möchte, sollte in den frühen Morgenstunden oder am Abend kommen. Neben der Rezeption befinden sich ein Café und Restaurant. Weitere Einkehrmöglichkeiten gibt es in unmittelbarer Nähe, auch mit Terrasse direkt am See. Hier können Sie mit Ausblick auf das Vogelreservat in dessen Mitte ein zünftiges Pilsener zischen oder das Traditionsgericht der böhmischen Küche – Knödel mit Gulasch – genießen. *ps*

Wenn das Wetter nicht mitspielt, können Sie das Erlebnisbad *Aquaforum* mit Entspannungsbecken, Whirlpools, Sportbad, Wassergrotte, Kinderbecken und finnischer Sauna besuchen.

KURVIERTEL MIT KREUZBRUNNEN, HAUPTKOLONNADEN UND SINGENDER FONTÄNE /// MASARYKOVA 5–11 /// CZ-35301 MARIÁNSKÉ LÁZNE (MARIENBAD) ///

KOLONÁDA CAFÉ & SHOP MARIENBAD /// HLAVNÍ 122 /// CZ-35301 MARIÁNSKÉ LÁZNE (MARIENBAD) /// 0 04 20 / 3 54 62 31 31 /// WWW.OPLATKY-KOLONADA.CZ ///

OBLATEN, WARM, FRISCH AUF DIE HAND

Marienbad: Kurviertel

81

Ein breites Tal inmitten der grünen Hänge des Kaiserwaldes – hier spreizt sich Marienbad mit seinen traumschönen Villen, dem berühmten Kurviertel und den 40 Heilquellen, die das Bad weltberühmt machten. Rund um die Stadt sollen es noch an die 100 mehr sein. Sie sind Überbleibsel des in der Gegend vor mehr als zwei Millionen Jahren entstandenen Vulkanismus und in ihrer chemischen Zusammensetzung sehr unterschiedlich. Im Lauf der letzten gut 250 Jahre hat sich eine stattliche Anzahl von Berühmtheiten in diesem waldigen Winkel Böhmens erholt: König Edvard VII., Zar Nikolaus II., Sigmund Freud, Gustav Mahler, Henrik Ibsen … die Liste ist lang.

Ich beginne meine Erkundungstour durch Marienbad am nordöstlichen Ende des Kurviertels. Dort sprudelt die Kreuzquelle, überbaut von einer Kuppelkonstruktion; sie ähnelt mit ihrer Vorhalle einem griechischen Pantheon. In dem Bau werden die Kreuz-, Karolinen- und Rudolfquelle zusammengeführt; wer mag, kann an Ort und Stelle drei Wässer miteinander vergleichen.

Direkt daneben befinden sich die gusseisernen Hauptkolonnaden, die ich mir als schönstes Bauwerk Marienbads erkoren habe. Sie sind leicht geschwungen, und lieber als die Auslagen der darin befindlichen Geschäfte bewundere ich die Kuppelgemälde und die liebevollen Details im Stuck und in den Glasfenstern. Hier flaniert es sich auch bei Regen und Sommerhitze angenehm. Das Café am Nordende der Kolonnaden hat Apfelstrudel mit Vanillesoße im Angebot, wer wollte da »nein« sagen? Genuss gehört schließlich zu einem Kuraufenthalt dazu! Selbstverständlich auch Musikgenuss: Die *Singende Fontäne*, ein Musikbrunnen gleich neben den Kolonnaden, lässt in den Sommermonaten ab 7 Uhr morgens zu jeder ungeraden Stunde ein Musikstück erklingen, unterlegt mit üppigen Wasserspielen. Abends mit Beleuchtung. In vielen Hotels informiert ein Plan, welche Komposition (Beethoven, Smetana, Morricone …) wann gespielt wird. *fs*

Erkunden Sie das Kurviertel mit einer warmen Marienbader Oblate in der Hand. Die traditionellen Gebäckstücke erhalten Sie etwa im *Kolonáda Café & Shop* in der belebten Hlavní (Hauptstraße).

VON DER MÁCHOVA NACH SÜDEN AUF DEN WANDERWEG MIT DER GRÜN-WEISSEN MARKIERUNG ABBIEGEN. NACH CIRCA ZEHN MINUTEN KOMMT MAN ZUR RUDOLFQUELLE /// CZ-35301 MARIÁNSKÉ LÁZNE (MARIENBAD) /// WWW.MARIANSKELAZNE.CZ/DE ///

HOTEL SWISSHOUSE /// ZEYEROVA 87 /// CZ-35301 MARIÁNSKÉ LÁZNE (MARIENBAD) /// 0 04 20 / 7 77 60 22 13 /// WWW.SWISSHOUSE.CZ ///

MARIENBADS CHARMANTESTER BRUNNENPAVILLON

Marienbad: Rudolfquelle

82

Mit dem Bäderbecher im Rucksack mache ich mich auf zu meinem bevorzugten Wasser: dem aus der Rudolfquelle. Zwar kann man es auch gleich im Kurviertel genießen, doch Marienbad hat noch andere Gesichter als den mondänen Betrieb rund um die prominenten Hotels. Also spaziere ich die Hlavní třída hinunter und biege an der Ecke Masarykova ins Dunkel des Parks ab. Der Wanderweg mit der grünen Markierung auf weißem Grund führt weg vom Kurbetrieb in jenes Marienbad, das für gut 15.000 Menschen Wohnort und Zuhause ist. Viele Hunde werden hier ausgeführt, Leute halten ein Schwätzchen. Kaum ein Kurgast ist zu sehen.

Ich quere die Máchova; in Sichtweite liegen die Kolonnaden, welche die Ferdinandsquelle beherbergen. Hier herrscht tiefe Stille, nur das Blubbern des Wassers in dem Glaszylinder unweit des Trinkbrunnens, der die Heilkraft der Quelle symbolisieren soll, ist zu hören. Noch ein Stück nach Süden, und ich erreiche das charmanteste Brunnenhaus Marienbads im Stadtteil Auschowitz (Úšovice). Der zweiflügelige hölzerne Pavillon, in dem die Rudolfquelle sprudelt, zeigt Gebrauchsspuren. Das macht ihn fast menschlich. Die Konstruktion ist hoch und luftig, die braune Farbe außen blättert genauso ab wie das Weiß im Innern. Auf Gesichtshöhe geben Fensterscheiben den Blick zurück zur Ferdinandsquelle frei, an der ich eben vorbeigewandert bin, und weil manches Glas herausgebrochen ist, weht ein kühlender Wind herein. Sonnenflecken tanzen auf dem gesprungenen Terrazzoboden. Das Einzigartige am Rudolfwasser: Kalzium- und Magnesiumanteil sind sehr hoch, dafür enthält es nur wenig Natrium. Der metallische Geschmack ist nicht so durchdringend. Das Heilwasser fließt übrigens auch in Sichtweite des Pavillons jenseits des Gehwegs knapp über dem Auschowitzer Bach aus der Stützmauer; ein paar schmale Treppenstufen führen zu diesem unspektakulären Ort. Man erkennt die Stelle an den mit einer Schicht Rost überzogenen Steinen. *fs*

Ruhig im Grünen nächtigen Sie im Hotel *SwissHouse* am stillen Ende der Zeyerova nahe der Rudolfquelle. Der Spa-Bereich und ein lauschiger Garten sorgen für einen erholsamen Aufenthalt.

RESTAURANT CHARLIE /// ANGLICKÁ 137 /// CZ-35301 MARIÁNSKÉ LÁZNE (MARIENBAD) /// 0 04 20 / 3 54 62 29 47 /// WWW.APARTMENTCHARLIE.CZ ///

HOTEL KRAKONOŠ /// MARIÁNSKÉ LÁZNE 660 /// CZ-35301 MARIÁNSKÉ LÁZNE (MARIENBAD) /// 0 04 20 / 3 54 62 26 24 /// WWW.HOTELKRAKONOS.EU ///

FLEDERMAUS UND BÖHMENSCHMAUS

Marienbad: Restaurant »Charlie« 83

Wer die am steilen Nordosthang Marienbads liegende Anglická entlangschlendert, ist sofort begeistert von den stuckverzierten Fassaden der Villen und Hotels, die sich an den Bergrücken schmiegen. An heißen Tagen werfen die Bäume genug Schatten auf den Gehweg, um bei angenehmen Temperaturen zu spazieren. Ab und zu nähert sich Hufgetrappel, wenn eine Kutsche ein paar Touristen oder Kurgäste gemächlich die Straße entlangchauffiert.

Promenieren macht hungrig. Ich habe mein Lieblingslokal in Marienbad gleich am ersten Tag genau hier an der Anglická im Erdgeschoss eines prächtigen Stuckpalastes gefunden: Es ist das Restaurant *Charlie*, der urigste Pub der Stadt. Ein unscheinbarer Ausleger, eine schmale Tür, wenige Tische an der Straße: Wagen Sie sich ruhig hinein! Die Gaststube ist ein bisschen dunkel, Jugendstilposter hie und da sowie etwas Trödel bilden die Deko. Nur fünf Tische passen in den Gastraum, es empfiehlt sich eine Reservierung. Eine Vitrine sticht ins Auge. Sie ist vollgestellt mit Flaschen, die vor allem eins enthalten: Wodka aus russischer Produktion. Geschenke von Gästen seien das, sagt die Wirtin. Der Clou: Neben den Spirituosen baumelt eine monumentale Fledermaus an einem Ast, kopfunter, echt, wenngleich ausgestopft. Entzückendes Gegenprogramm daneben: ein Sortiment aus fingernagelgroßen künstlichen Torten und Kuchen, fantasievoll bemalt.

Wir nehmen Platz auf der Bank am Fenster, versinken in dem charmant plüschigen Polster. Ein Paar am Nebentisch sucht das Gespräch. Das Essen wird frisch zubereitet, dadurch geht es nicht allzu schnell, man hat Zeit zu plauschen, auf Deutsch, Tschechisch und Russisch. Hektische Betriebsamkeit scheint es im *Charlie* nicht zu geben, und obwohl auch die Tische draußen besetzt sind, gerät niemand in Stress. Zu den Fleisch- und Fischgerichten sind die Beilagen extra auszusuchen. Unser Schweinesteak in Pfeffersoße wird nach einer guten halben Stunde serviert und schmeckt: himmlisch! *fs*

Hoch über der Anglická liegen das Hotel *Krakonoš* und weitere Freizeitmöglichkeiten, die man zu Fuß über den Edward-Weg (Ausgangspunkt Ecke Dusíkova, blau-weiße Markierung) erreicht.

WEITERE INFORMATIONEN ZU DEN QUELLEN ERHALTEN SIE BEI DER TOURIST-INFORMATION KARLOVY VARY /// T.G. MASARYKA 53 /// CZ-36001 KARLOVY VARY (KARLSBAD) /// 0 04 20 / 3 55 32 11 71 /// WWW.KARLOVYVARY.CZ/DE ///

EIN MUSS FÜR KAISER, KÖNIGE UND KÜNSTLER

Karlsbad: Quellen im Kurviertel

84

Wer eine Trinkkur absolviert, ist noch lange kein Schluckspecht, obwohl die böhmischen Biere mindestens genauso legendär sind wie die Heilbrunnen im Bäderdreieck. Rund 80 Quellen mit Temperaturen zwischen 14 und 73 Grad sprudeln in Karlsbad, 15 werden zum Kuren benutzt. Die Karlsbader Wässer eignen sich besonders gut für Erkrankungen des Verdauungstraktes und des Bewegungsapparates sowie bei Stoffwechselstörungen und Zahnfleischerkrankungen. Auch äußerlich sollen sie schon Wunder vollbracht haben, wie bei dem Jagdhund von Kaiser Karl IV., auf den der Legende nach die Nutzung des Thermalwassers und die Besiedlung des Gebietes zurückgeht. Der Vierbeiner soll in einen heißen Tümpel gefallen sein, sich jedoch nicht verbrüht haben. Seine Wunden heilten schnell. Den Einsatz über die Haut probierten auch Mitmenschen des Kaisers, der dem Kurbad 1370 das Privileg einer königlichen Stadt verlieh. Erst ab dem 16. Jahrhundert kamen die inneren Anwendungen dazu. Der Arzt Václav Payer hatte die Idee, das Wasser für Trinkkuren zu nutzen. Er verschrieb seinen Patienten in einem Trinkplan nicht nur die Wassermenge, sondern auch die zu nutzende Quelle. Da sich die Menschen zu Fuß dorthin begaben, kam das Element der Bewegung an frischer Luft wie von selbst dazu.

Das Geschäft mit der Heilung wuchs rasch. Aufenthalte in Karlsbad wurden zum festen Bestandteil im Leben von Künstlern, Gelehrten und Adligen. Heute werden komplette Kur- und Wellnesspakete mit Behandlung, Kultur und Genuss angeboten. Ich kaufe mir jedes Mal eine von den Trinkkannen, die Kultstatus haben und in viele Farben und Formen erhältlich sind. Die meisten Quellen befinden sich in Kolonnaden und Kurpavillons wie der Sprudelkolonnade aus den 1970er-Jahren, der 1883 im Schweizer Stil gebauten und reichlich 100 Jahre später restaurierten Marktbrunnenkolonnade, der steinernen Mühlbrunnenkolonnade mit ihren Sandsteinstatuen sowie der Garten- oder Parkkolonnade. *ps*

Die Anzahl der Quellen differiert je nach Betrachtungsweise. Einige werden vor dem Austritt auf verschiedene Temperaturstufen heruntergekühlt und zusätzlich zu ihren Namen durchnummeriert.

BECHERPLATZ /// T.G. MASARYKA 282/57 /// CZ-36001 KARLOVY VARY (KARLSBAD) /// WWW.BECHERPLATZ.CZ/DE ///

BECHEROVKA-MUSEUM /// T.G. MASARYKA 282/57 /// CZ-36001 KARLOVY VARY (KARLSBAD) /// 0 04 20 / 3 59 57 81 42 (MUSEUM) /// WWW.BECHEROVKA.COM ///

DIE GEHEIMNISVOLLE QUELLE NUMMER 13

Karlsbad: Becherplatz mit Becherovka-Museum

85

Eine riesige grüne Flasche mit umlaufender Sitzbank steht auf einer Freifläche. Ein richtiger Platz ist das nicht, denke ich und öffne eine Tür zum Gebäudekomplex, der das Becherovka-Museum beherbergt. Ich war auf eine muffige Sammlung mit ein paar alten Fässern, viele Zahlen, in die Jahre gekommene Fotos gefasst, jedoch nicht auf diese Zeitreise, die mich in Sekundenschnelle zurück ins beginnende 19. Jahrhundert katapultiert. Geschäfte mit auserlesenen Waren schmücken die Indoor-Plaza: Glas, Schmuck, Naturkosmetik, ein Restaurant mit Brauerei im Keller (keinem Geringeren als dem Stadtgründer Kaiser Karl IV. gewidmet), ein Souvenirladen mit *Becherovka*, einem Kräuterlikör, der seinen Namen in Anlehnung an den Erfinder erhielt. Für die Karlsbader zählt er als 13. Quelle ihres Kurortes. Die Internetseite der Stadt führt 15 empfohlene Quellen auf, die Nummer 13 ist bewusst freigelassen.

Die offene Bar verströmt Kaffeeduft, dem ich nicht widerstehen kann, obwohl die Verkostung des traditionellen Magenbitters oder der neu kreierten Sorten wie *Aperitiv KV 14*, der zitronigen Variante *Lemond* und dem warm genießbaren *Ice & Fire* locken. Ich gönne mir ein süßes Teilchen aus der Kühltheke. Dann löse ich ein Ticket für das Museum und tauche ein in die Geschichte des Getränks, das der Apotheker Josef Becher 1807 erstmals als Magentropfen in Arzneifläschchen füllte. Zuerst hieß es *Carlsbader English-Bitter*, dann *Becher-Bitter* und seit Gründung der Tschechoslowakei 1918 *Becherovka*. Sohn Jan, eigentlich Johann Nepomuk Becher, dessen Namen das Museum trägt, baute 1867 auf dem heutigen Becherplatz eine neue Fabrik und begann mit der Abfüllung in die traditionellen grünen Flaschen. Noch heute soll die Rezeptur nur wenigen Menschen bekannt sein. Der *Becherovka* hat indes von Karlsbad aus die ganze Welt erobert. Sogar zur Cholera-Prävention wurde er erfolgreich eingesetzt. Es gibt also immer einen Grund zum Trinken der Medizin. *ps*

Die zweite kulinarische Spezialität des Kurortes sind die Karlsbader Oblaten, eine süße Leckerei, die es überall zu kaufen gibt, auch frisch gebacken zu einem Kaffee in einem der zahlreichen Lokale.

GRANDHOTEL PUPP /// MÍROVÉ NÁMESTÍ /// CZ-36001 KARLOVY VARY (KARLSBAD) /// TSCHECHISCHE REPUBLIK /// 0 04 20 / 3 53 10 91 11 /// WWW.PUPP.CZ ///

INFORMATIONEN ÜBER DAS FILMFESTIVAL SIND ERHÄLTLICH UNTER WWW.KVIFF.COM /// WWW.KARLOVYVARY.CZ ///

WO JAMES BOND BEINAHE SEIN LEBEN LIESS

Karlsbad: Internationales Filmfestival am Grandhotel Pupp 86

Das *Internationale Filmfestival Karlovy Vary* zählt zu den zehn wichtigsten A-Festivals in Europa. Diese Klassifizierung verlangt einen internationalen Wettbewerb und die Akkreditierung beim Filmproduzentenverband. Die Tradition reicht bis ins Jahr 1946 zurück, genau wie die der Filmfestivals in Cannes und Locarno, die jedoch einige Wochen nach der böhmischen Premiere erstmals stattfanden. Neben vielen anderen Schauplätzen sind besonders zwei Orte im Kurbad mit dem Projekt verbunden: das Grandhotel *Pupp* im prächtigen Neobarock und das durch funktionale Architektur auffallende Hotel *Thermal* mit seiner Waschbetonfassade. Letzteres ist sozusagen das Epizentrum des Festivals. Das zum Hotel gehörende Kongresszentrum beherbergt den großen Kinosaal. Hier wird der rote Teppich ausgerollt und der begehrte Kristallglobus überreicht. Filmvorführungen und Veranstaltungen des Rahmenprogramms finden in ganz Karlsbad statt.

Die Festivalorganisatoren konnten im Laufe der Jahre zahlreiche international bekannte Filmstars in Karlsbad begrüßen. Tony Curtys, Leonardo DiCaprio, Armin Müller-Stahl, Sharon Stone, Robert Redford, Max von Sydow, Mia Farrow, Ornella Muti, Christopher Lee, Robert De Niro, Antonio Banderas, Mel Gibson und Richard Gere sind nur einige der Schauspieler, die sich die Klinke in die Hand gaben. Die meisten hatten im Grandhotel *Pupp* reserviert, wo Daniel Craig 2006 auf dem Parkplatz beinahe sein Leben ließ – als 007-Neuling im Bond-Streifen *Casino Royale*, für den das Grandhotel ganz schnell zum Hotel *Splendide* umfunktioniert wurde. Hier fielen die Worte »Mein Name ist Bond. James Bond« in diesem Film zum ersten Mal. Bilder zeugen von den Dreharbeiten, Stadtführer erinnern daran, genau wie an die Inspiration für den Film *Grand Budapest Hotel*, der jedoch in Görlitz gedreht wurde. Das *Pupp Casino* verspricht Poker-Freuden, auch wenn sich das temporäre Bond-Spielcasino im nahen Kaiserbad befand. *ps*

Genießen Sie Kaffeespezialitäten und *Pupp*-Torte im Café, ein traditionell-böhmisches Saison-Menü im Grandrestaurant oder Cocktails und trockenen Martini à la James Bond an der Bar!

AUSSICHTSTURM DIANA /// VRCH PŘÁTELSTVÍ 5/1 ///
CZ-36001 KARLOVY VARY (KARLSBAD) /// 0 04 20 / 3 53 22 28 72
(RESTAURANT) /// 0 04 20 / 7 77 77 40 50 (SCHMETTERLINGSHAUS) ///
WWW.DIANAKV.CZ/DE ///

KARLSBAD AUS DER VOGELPERSPEKTIVE

Karlsbad: Aussichtsturm Diana

87

Ist ein Ort wie Karlsbad von Höhenzügen gesäumt, so finden sich in der Umgebung viele Aussichtspunkte mit Blick ins Tal. Nicht immer ist die Sicht so wie zu Entstehungszeiten der Aussichtstürme und Pavillons, denn Bäume sind gewachsen, Häuser wurden gebaut. Trotzdem lohnt sich der Aufstieg. Ich wähle die bequeme Variante für den Besuch des Aussichtsturmes *Diana* auf der Freundschaftshöhe: Vor dem Grandhotel *Pupp* führt die Mariánská-Gasse zur Talstation der Standseilbahn, die nach 166 Metern Höhenunterschied und einem Weg von 437 Metern in gut 555 Metern Höhe hält. 365 Personen können pro Stunde transportiert werden. Von der Bergstation bis zum 40 Meter hohen Aussichtsturm sind es nur sechseinhalb Höhenmeter und wenige Schritte. Dort kann man die 150 Stufen in Angriff nehmen oder sich mit dem elektrischen Aufzug zur Aussichtsplattform bringen lassen. Oben eröffnet sich mir ein Blick auf das Zentrum von Karlsbad, auf die Kuranlagen oder das am gegenüberliegenden Hang befindliche Hotel *Imperial*. In der Ferne sind Städte wie Eger (Cheb) oder Falkenau (Sokolov) sichtbar. Am Keilberg mit seinem Turm erkennt man den Nordhang des Erzgebirges. Zu sehen sind außerdem der Kaiserwald, das Duppauer Gebirge und die Karlsbader Kurwälder. Wer einmal auf dem Gipfel ist, sollte sich Zeit für die anderen Angebote nehmen. Die Gaststätte, ein Imbiss, das Schmetterlingshaus oder ein Mini-Zoo laden zum Verweilen ein.

Unterhalb vom *Diana*-Turm befindet sich die Felsnadel des Hirschsprungs mit einer Gemsen-Plastik. Ganz nahe steht die *Mayer-Gloriette*, ein Aussichtspavillon, an dem man auf dem Weg zur Petershöhe vorbeikommt. Der bequemste Weg hierher ist wieder die Standseilbahn zur *Diana*, nur muss man am ersten Halt, dem Hirschsprung, aussteigen. Andere Aussichtspunkte in Karlsbad sind die Goetheaussicht, der Aussichtspavillon *Camera Obscura* oder der Aberg. Gleich drei Holzkreuze schmücken den Dreikreuzberg. Sie erinnern an Golgatha. *ps*

Der 1914 gebaute Ausflugsgasthof *Diana* lockt mit einer abwechslungsreichen Speisekarte der böhmischen und internationalen Küche, historischem Interieur, Kamin, Wintergarten und Waldterrasse.

BEGINNEN SIE IHRE WANDERUNG ZUM GOETHESTEIG AM GRANDHOTEL PUPP UND LAUFEN SIE ÜBER DEN PARKPLATZ. DER GOETHESTEIG BEGINNT IN UNMITTELBARER NÄHE. LAZNE I (KAISERBAD) /// MARIÁNSKOLÁZENSKÁ 360/2 /// CZ-36001 KARLOVY VARY (KARLSBAD) ///

SCHWANENGESANG DES RASENDEN REPORTERS

Karlsbad: Goethesteig

88

In Karlsbad können sich viele mit Goethes Namen schmücken. 13 Aufenthalte von Goethe sind im nordböhmischen Kurort belegt. 1786 nutzte er das Kurbad als heimlichen Absprung für seine Italienreise. Besucher von Karlsbad begegnen den Spuren des Dichterfürsten auf Schritt und Tritt, zum Beispiel am Goethesteig (Goethova stezka), über den die schönsten Wanderpfade der Region führen. Ausgangspunkt des Weges stromaufwärts der Tepl (Teplá) ist das Grandhotel *Pupp*.

Ein Denkmal, das den Geheimrat mit verklärtem Blick zeigt, wurde nach kurzem Aufenthalt im Museum an der Felswand platziert, die den Steig in Richtung der Anhöhe um den Aussichtsturm *Karl IV.* begrenzt. Der mit allerlei Tafeln geschmückte Felsen sorgt für Kurzweil. Von Goethe ist eine Hommage auf die Karlsbader Freuden in Stein gemeißelt. Josefine Buchwald aus Budapest wünschte den Quellen 1927, dass sie »ewig zum Heil der leidenden Menschheit« sprudeln. Ein Philosoph aus Hamburg bedankte sich 1945 für die Befreiung von der Gallenpein durch das Quellwasser. Eine Platte erinnert an drei Aufenthalte von Karl Marx. Der rasende Reporter Egon Erwin Kisch schrieb 1946 seine letzte Reportage *Karl Marx in Karlsbad* kurz nach seiner Rückkehr aus dem Exil nach Prag. Am Steig liegen die Kunstgalerie und ein Friedrich-Schiller-Jugendstildenkmal. Nach der Büste des polnischen Dichters Adam Mickiewicz kann man Fluss und Straße überqueren und am anderen Flussufer zurückspazieren. Oder man geht weiter zu den Denkmalen von Smetana und Beethoven, zum Japanischen Minigarten, zur Freilichtbühne oder zum Posthof und tritt von dort aus den Rückweg an. Im weißen Kurpavillon entspringt die Stephaniequelle (Štěpánka), mit 14 Grad die kälteste Quelle im Kurort. Auf dem Weg lohnt ein Blick über die sich am Fluss entlangschlängelnde Straße, zum Beispiel auf den Dorothea-Altan, den ein Verehrer Dorothea von Kurland 1791 gewidmet hat. *ps*

Links vom Goethesteig befindet sich das Kaiserbad, bekannt auch als *Lazne I.* Das imposante Kurbad wurde Opfer eines Wasserschadens. Bei der Besichtigung kann für die Restaurierung gespendet werden.

LIEBLINGSPLÄTZE

Alle Bücher auf einen Blick …